DER BIER GARTEN FÜHRER

Echte Biergärten in München und Umgebung

KNÜRR

Sperberstr. 23 – 81827 München
Tel. 089 - 43 76 61 00 – Fax 089 - 4 39 29 86
knuerr-verlag@t-online.de
www.knuerr-verlag.de

Gestaltung und Herstellung:
Design T.I.E.M. Klaus Gderra, München
Tel. 089 - 388 378 9-0 – Fax 089 - 388 378 9-20

Druck:
GGP Media GmbH, Pößneck

ISBN 3-928432-39-7

In nun fünf Auflagen...

... hat dieser Biergartenführer eine kaum weniger rasante Entwicklung erlebt als die Biergärten selbst: 1996 sind wir erstmals angetreten. Damals lag wirklich vieles im Argen - viele Wirte waren stolz darauf, dass sie gerade von den aufwändigen Holztischen auf pflegeleichte Plastikmöbel umgestellt hatten. Andere begannen Schilder aufzuhängen „Brotzeit mitbringen verboten“. Gell, Wirtsleut, ihr wisst's schon, wer gemeint ist. Heute ist das Thema grünes Plastikbiotop oder Brotzeit mitbringen gegessen. Alles ist gut. Na fast jedenfalls. Dass es so gekommen ist, dazu hoffen wir beigetragen zu haben.

Wir, das sind drei Münchner und ein Zuagroaster: ***Klaus Gderra,*** Münchner seit 1959 und nicht zufällig zwischen Chinaturm und Aumeister zu Hause, ist mit seiner Werbeagentur Design T.I.E.M. für das Erscheinungsbild des Buches verantwortlich. ***Stefan Keil***, geboren 1959 in, naja, janz weit droben, lebt seit 1963 bei München. Als Cheftester hält er den Kilometerrekord bei der Suche nach entlegenen Kastanienoasen rund um München. ***Bernd Mix***, geboren 1960 in München, ist Bayerns ärgster Spezischlucker - vier Maß gehen leicht am Abend. Er rückt aber trotzdem lieber mit dem Rad als mit dem Auto aus. ***Curt Schneider*** kam 1960 in Rufweite des Taxisgartens zur Welt, wirkt als Schankkellner und schrieb die Texte für dieses Buch.

Wir danken ***Josef Aschenbrenner*** vom Design T.I.E.M. für die humorvollen Cartoons, die er für dieses Buch gezeichnet hat. Und natürlich danken wir ***Alois Knürr*** vom Knürr-Verlag, der dieses Buch unter großem persönlichem Einsatz zum wohl erfolgreichsten seiner Art gemacht hat.

Inhalt und Register

Die Zahlen hinter den Namen verweisen auf die Seitenzahl.

Manfred Schauer, alias der Schichtl vom Oktoberfest und Mitorganisator der Münchner Biergartenrevolution.

Mein Parkplatz der Sinne

Das schöne an unseren Biergärten ist, dass es davon keine greislichen gibt, höchstens den Einen oder Anderen, der mir persönlich vielleicht nicht gefällt. Die Geschmäcker sind Gott sei Dank verschieden. Gibt es etwas, was noch nicht über die Biergärten Münchens und Bayerns geschrieben wurde? Wahrscheinlich nix.

Und warum wird trotzdem immer wieder darüber geschrieben? Weil sie es wert sind. Großartige Überraschungen sind so gut wie nicht zu erwarten. Man möchte auch nicht überrascht werden, man will sich eigentlich in seinem zweiten Wohnzimmer einfach nur wohl fühlen. Was gut ist, kann eigentlich kaum besser werden und Veränderungen sind, dem Zeitgeist entsprechend, selten dazu geeignet, den Gast wie auch den Wirt zu erfreuen. Schönen Gruß aus der Waldwirtschaft! Das Erscheinungsbild dieses Traditionsbiergartens hat sich vor 5 Jahren gravierend verändert. Böse Zungen sprechen von einem Freiluftsupermarkt. Zugegeben, die vorherige Hüttensituation war uriger, origineller, gemütlicher. Sie hatte allerdings arge Nachteile in punkto Wirtschaftlichkeit und leider auch Hygiene. Der Wirt war zum Handeln gezwungen und hat das Beste daraus gemacht. Die Qualität der sensationellen Spare Ribs ist ja erhalten geblieben, in München gibt´s kein schlechtes Bier und der Garten gehört immer noch zu den schönsten die wir haben. Jedenfalls nach meinem Geschmack.

Der Biergarten, an und für sich, ist für mich eine Genussvollzugseinrichtung. Das hat durchaus auch mit Abenteuer zu tun – etwa, dass man dort andersgeschlechtliche Lebewesen treffen, erobern, aber auch verlieren kann. Irgend wie passiert immer irgend etwas; eigentlich friedliche Hundebesitzer werden zum plärrenden Anwalt ihrer Kläffer, Radlfahrer stellen ihre Velos derart rücksichtslos überall ab, dass man zu begreifen beginnt, warum die mit ihren Luftpumpen in den Garten gehen und die Autofahrer sind keinen Deut besser, nur leichter zu belangen. Motorradfahrer genießen ihre Auftritte in Sichtweite der ersten Bankreihen. In der Reihe vor der Schänke sind sie dann aber alle wieder ein Volk, ein Durst und ein Geist. Biergärten verbinden eben. Und selbst, wenn nichts passiert, nirgends ist es so schön langweilig wie in einem Biergarten.

Für mich war die Waldwirtschaft ein Meilenstein in meinem Leben. Dort habe ich 1982, kurz nach der Machtübernahme durch die Wirtsleute, Gabi und Sepp Krätz, meine ersten Theaterauftritte gehabt. Theater hat´s in der WaWi keines gegeben, wir haben eines hinein gebaut. Mit einem Bericht aus einem Münchner Lokalanzeiger zu unserem Theaterstück bin ich 1985 beim Fremdenverkehrsamt München angetreten, als ich den Schichtl auf der Wiesn übernehmen wollte und damit den Nachweis der Bühnenerfahrung in der Hand hatte. Mit diesem Zeugnis kultureller Kompetenz bekam ich erst einmal für ein Jahr probeweise den Zuschlag. Wahrscheinlich aber auch nur, weil sich sonst kein Schwein für den Schichtl interessierte!

Am 12. Mai 1995 war die berühmte Bayerische Biergarten-Revolution, auf welche ich stolz bin, sie zusammen mit dem Biergartenverein und der Ursula Seeböck angezettelt zu haben. Der Erfolg war ganz beachtlich: Mehr als 25.000 waren allein in München auf der Straße! Plötzlich hat sich da eine ganz große Koalition gebildet: Hinter uns am Rednerpult standen führende Politiker aller Couleur und waren ausnahmsweise einmal ein und derselben, nämlich unserer Meinung. Es gab keine Absagen, stattdessen ungefragte Zusagen wegen hoher Pressefrequenz. Ja, ja, so sind sie halt, unsere Volksvertreter. Aber, immerhin, die Politiker haben für das Volk gehandelt.

Man verzeihe mir hier meine WaWi-lastigen Darstellungen, natürlich besuche ich auch gerne viele andere Biergärten in und um München, aber wie beschrieben, dieser Biergarten hat in meinem Leben irgendwie schon keine unbedeutende Rolle gespielt.

Ganz offensichtlich sind jedoch viele Münchner Biergärten, vor allem in der Innenstadt, doch von einer gewissen Überalterung bedroht. Die Stammtischbrüder sollten sich schön langsam einmal dem Zeitgeist anpassen bzw. den Geist der Zeit in ihre Reihen lassen. „Da hock i scho allwei“ mag ja stimmen, aber irgendwann hockt man auch sehr verlassen. Herrschaften, das kann es ja nicht sein. Ihr sollt nicht verschwinden, sondern rutschen, gerne granteln aber nicht stänkern. Zeigt ein freundliches Gesicht und der Tag im Biergarten macht noch mehr Spaß. Wo kann man denn heute noch mehr Menschen kennen lernen als dort?

Ich wünsche Ihnen, mir, jedem also, und allen Anderen auch, einen warmen Sommer mit wenig Regen und vielen schönen Tagen.

Übersichtsplan **Stadtgebiet**

Dieser Plan zeigt die Biergärten im Stadtgebiet München. Die Zahlen verweisen auf die Seiten, auf denen Sie die Biergärten finden.

- Übersichtsplan **Vororte**: Seiten 10/11
- Übersichtsplan **Umland**: Seiten 12/13
  Enthält die Biergärten in der weiteren Umgebung von München.

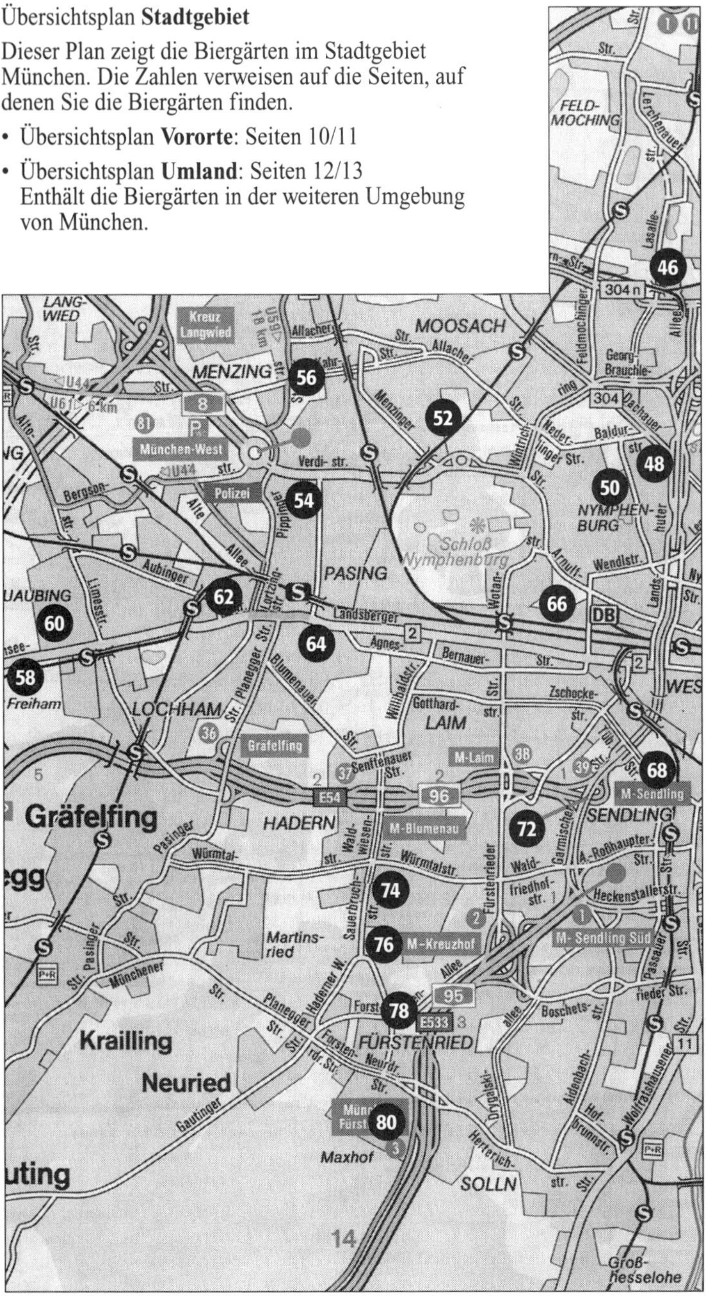

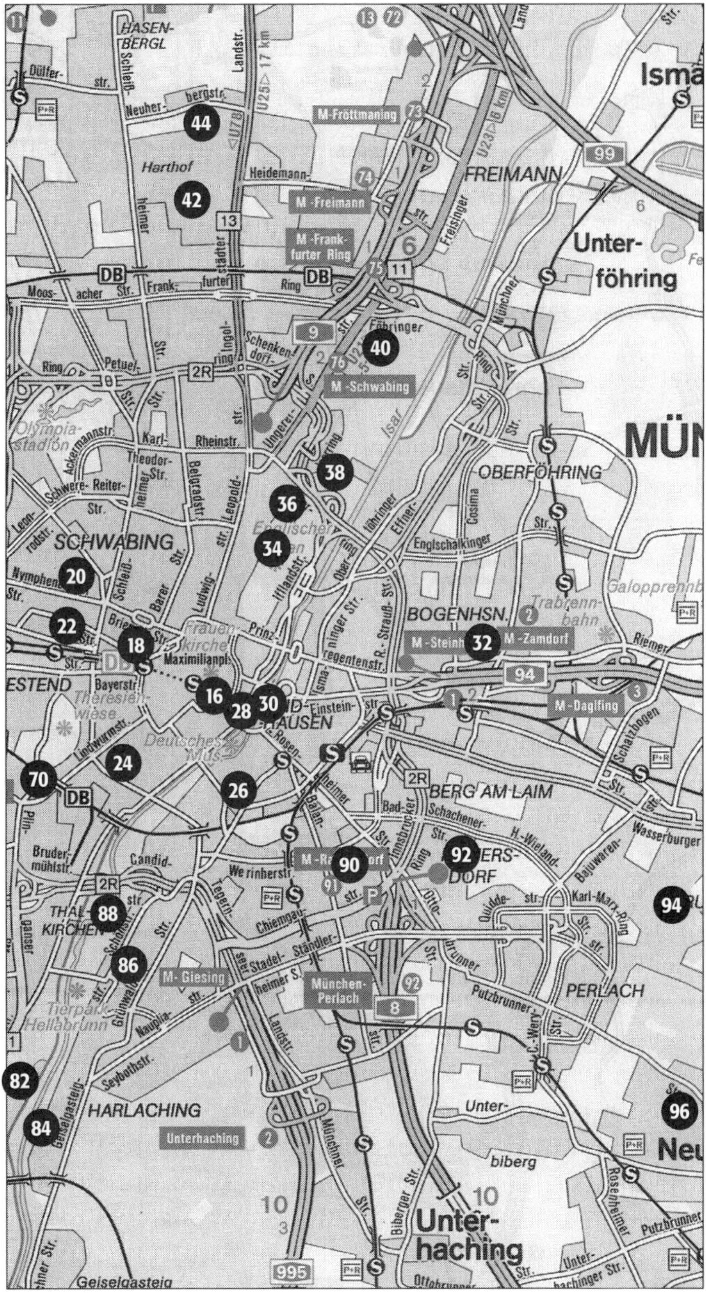
HASEN-
BERGL
Dülfer-
str.
Neuher-
bergstr.
Schleiß-
heimer
Landstr.
Harthof
Heidemann-
M-Fröttmaning
M-Freimann
M-Frank-
furter Ring
FREIMANN
Freisinger
Ismaning
Unter-
föhring
DB
Moos-
acher Str.
Frank-
furter
Ring
Föhringer
Schenken-
dorf-
Ingol-
städter
Petuel-
Ring
M-Schwabing
Olympia-
stadion
Ackermannstr.
Karl-
Theodor-
Str.
Rheinstr.
Belgradstr.
Leopold-
str.
Ungerer-
Isar
Münchner
OBERFÖHRING
MÜN
Schwere-Reiter-
Str.
Leon-
rodstr.
SCHWABING
Englischer
Garten
Iffland-
str.
Cosima
Effner-
Englschalkinger
Str.
Nymphenburger
Str.
Schleiß-
heimer
Barer
Str.
Ludwig-
str.
Frauen-
kirche
Maximilianpl.
Prinz-
regentenstr.
Isma-
ninger Str.
R.-Strauß-
Str.
BOGENHSN.
Trabrenn-
bahn
Galopprennbahn
M-Steinhausen
M-Zamdorf
Riemer
Briennerstr.
ESTEND
Bayerstr.
Theresien-
wiese
Deutsches
Mus.
Einstein-
str.
HAIDHAUSEN
M-Daglfing
Lindwurmstr.
Rosen-
heimer
Schatzbogen
BERG AM LAIM
Bad-
Schachener-
Str.
H.-Wieland-
Wasserburger
Pilin-
Bruder-
mühlstr.
Candid-
Balan-
Innsbrucker
Ring
M-Ramersdorf
RAMERS-
DORF
Werinherstr.
Tegern-
seer
Chiemgau-
str.
Bajuwaren-
Karl-Marx-Ring
Quidde-
str.
THAL-
KIRCHEN
Schäftlarn-
str.
Stadel-
heimer S.
Ständler-
Str.
Otto-
brunner
M-Giesing
München-
Perlach
Putzbrunner-
Str.
PERLACH
Tierpark
Hellabrunn
Grünwalder
str.
Naupliastr.
C.-Wery-
Landstr.
Seybothstr.
Geiselgasteig
HARLACHING
Unterhaching
Unter-
biberg
Neu
Münchner
Str.
Biberger Str.
Unter-
haching
Rosenheimer
Putzbrunner
Unter-
hachinger Str.
Ottobrunner
Geiselgasteig
Grünwalder
Str.

Übersichtsplan **Vororte**

Dieser Plan zeigt die Biergärten in den Münchner Vororten.
Die Zahlen verweisen auf die Seiten, auf denen Sie die Biergärten finden.

- Übersichtsplan **Stadtgebiet**: Seiten 8/9
- Übersichtsplan **Umland**: Seiten 12/13
  Umfasst die Biergärten in der weiteren Umgebung von München.

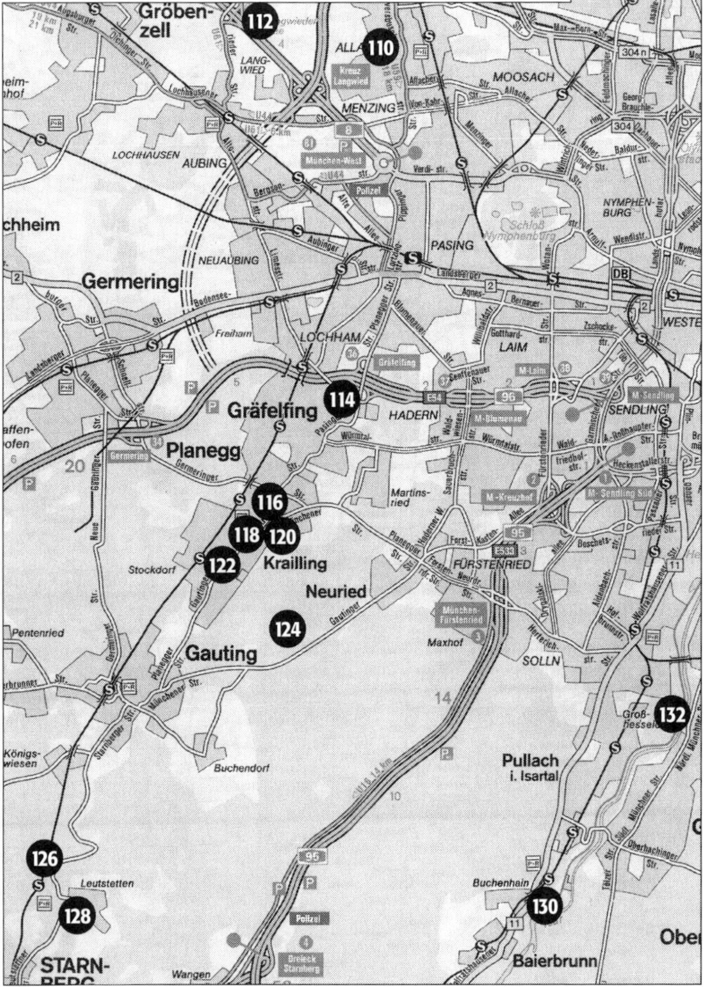

106

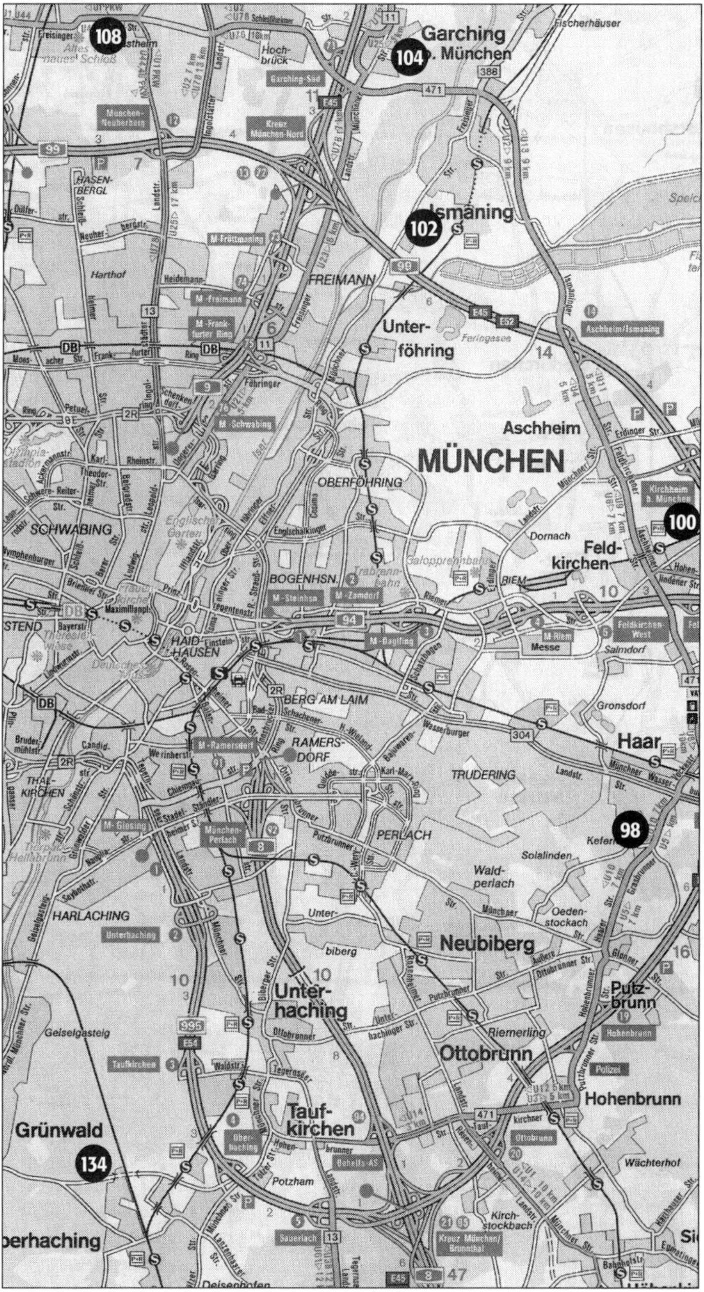
Garching b. München
Hochbrück
Garching-Süd
München-Neuherberg
Kreuz München-Nord
HASENBERGL
Ismaning
M-Fröttmaning
Harthof
FREIMANN
M-Freimann
M-Frankfurter Ring
Unterföhring
Feringasee
Aschheim/Ismaning
Aschheim
MÜNCHEN
M-Schwabing
Olympiastadion
SCHWABING
Englischer Garten
OBERFÖHRING
BOGENHSN.
M-Steinhsn.
M-Zamdorf
Galopprennbahn
Dornach
Feldkirchen
Kirchheim b. München
RIEM
M-Riem
Messe
Feldkirchen-West
Salmdorf
M-Daglfing
HAIDHAUSEN
Theresienwiese
BERG AM LAIM
RAMERSDORF
M-Ramersdorf
Gronsdorf
Haar
TRUDERING
THALKIRCHEN
M-Giesing
München-Perlach
PERLACH
Solalinden
Waldperlach
Keferloh
HARLACHING
Unterhaching
Unterbiberg
Neubiberg
Oedenstockach
Putzbrunn
Hohenbrunn
Riemerling
Ottobrunn
Polizei
Geiselgasteig
Taufkirchen
Unterhaching
Grünwald
Behelfs-AS
Potzham
Wächterhof
Kirchstockbach
Sauerlach
Kreuz München/Brunnthal
Deisenhofen
Oberhaching

Übersichtsplan **Umland**

Dieser Plan zeigt die Biergärten in der weiteren Umgebung von München.
Die Zahlen verweisen auf die Seiten, auf denen Sie die Biergärten finden.

- Übersichtsplan **Stadtgebiet**: Seiten 8/9
- Übersichtsplan **Vororte**: Seiten 10/11
  Umfasst die nähere Umgebung von München.

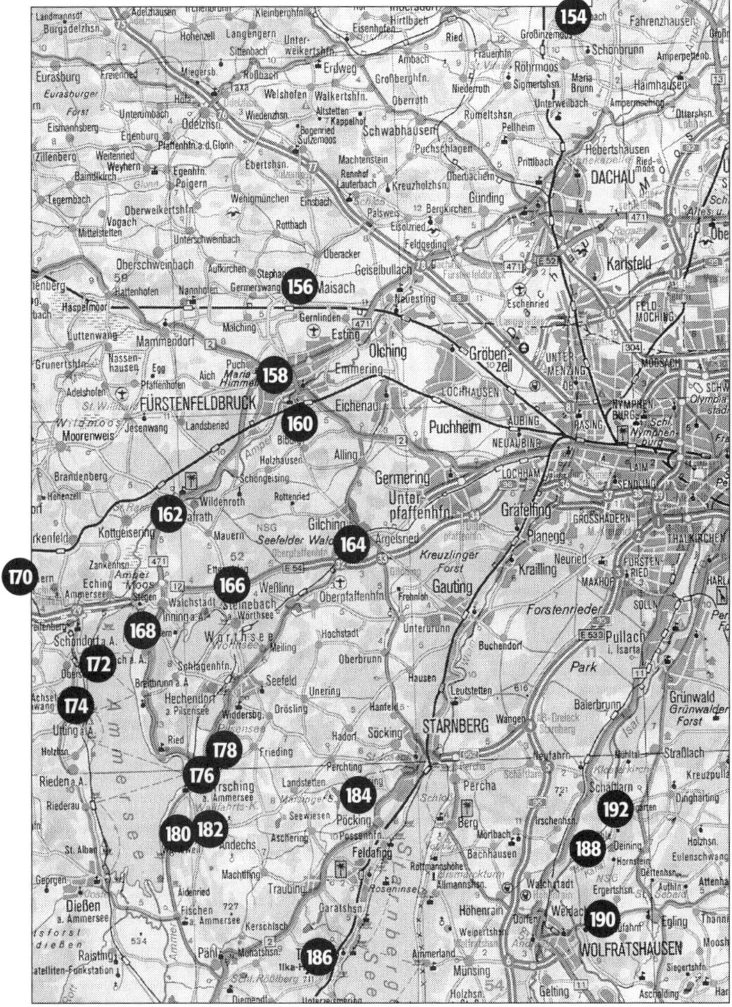

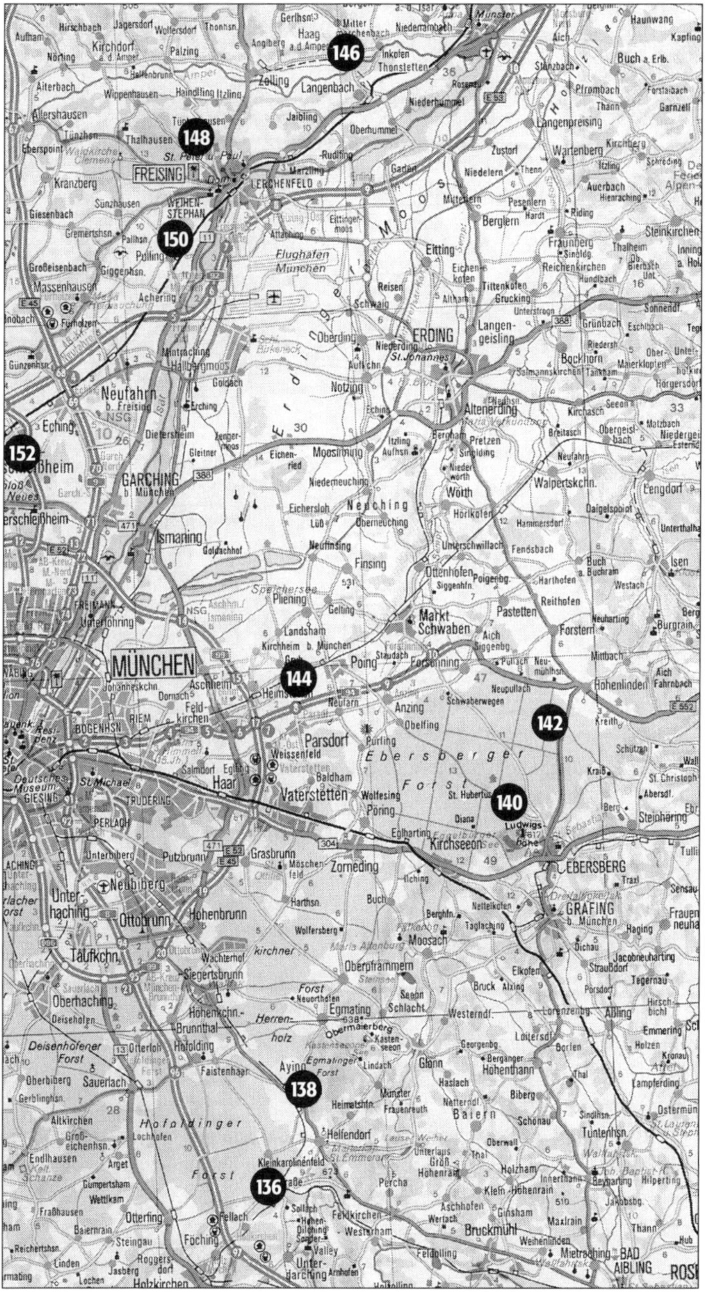
146
148
150
152
144
142
140
138
136
FREISING
MÜNCHEN
ERDING
EBERSBERG
GRAFING b. München
BAD AIBLING
GARCHING b. München
Flughafen München
Kirchdorf a. d. Amper
Zolling
Langenbach
Haag a. d. Amper
Moosburg
Langenpreising
Wartenberg
Berglern
Eitting
Fraunberg
Langengeisling
Altenerding
Bockhorn
Oberding
Notzing
Moosinning
Neuching
Finsing
Pliening
Markt Schwaben
Poing
Forstinning
Pastetten
Forstern
Hohenlinden
Isen
Lengdorf
Walpertskchn.
Neufahrn b. Freising
Eching
Oberschleißheim
Ismaning
Unterföhring
Aschheim
Heimstetten
Feldkirchen
Parsdorf
Anzing
Haar
Vaterstetten
Ebersberger Forst
Kirchseeon
Zorneding
Grasbrunn
Putzbrunn
Neubiberg
Ottobrunn
Unterhaching
Taufkchn.
Oberhaching
Hohenbrunn
Siegertsbrunn
Höhenkchn.
Brunnthal
Hofolding
Sauerlach
Deisenhofener Forst
Hofoldinger Forst
Egmating
Glonn
Aying
Helfendorf
Baiern
Moosach
Oberpframmern
Aßling
Steinhöring
Tuntenhsn.
Bruckmühl
Feldkirchen - Westerham
Föching
Otterfing
Holzkirchen
Valley
Unterdarching
Dietersheim
Hallbergmoos
Pulling
Achering
Massenhausen
Allershausen
Kranzberg
Attaching
Marzling
Lerchenfeld
Schwaig
Reisen
Wörth
Ottenhofen
Speichersee
Trudering
Perlach
Giesing
Riem
Bogenhsn.

„Eine Freundschaft, die in mehreren Biergärten gewachsen ist, ist besser als das ganze Internet“.
(Alt-Bundespräsident Roman Herzog)

Was ist ein echter Biergarten?

„Beergarden” locken Schilder in Kuala Lumpur und Oklahoma City, zwischen Berlin und Bocholt stampft man sie aus dem Betonboden, das Hamburger Imitat hat Vierertische. Ja in München selbst drohen Etablissements aller Art einen “Biergarten” an - mit entsprechendem Ergebnis: Möblierte Gartenterrassen samt Kellner in Fliege, der Carpaccio an Trüffelsauce serviert und dazu vielleicht ein Premium-Gebräu in Bonsai-Format gefällig?

Solche Lokalitäten haben in diesem Führer nichts zu suchen. Hier versammeln sich die echten Biergärten nach alter Münchner Tradition und nur diese. Das sind die Biergärten, zu denen an warmen Sommerabenden ganz München strömt, den Brotzeitkorb unterm Arm. Dort unter den Kastanien tut sich eine ganze Welt auf: Für den Gaumen gibt’s das Bier, für die Ohren das Klingeln der Maßkrüge und das fröhliche Schwatzen von vielen tausend Stimmen, für die Augen das bunte Kommen und Gehen und die bajuwarische Freud am Leben, und über allem liegt der Duft von Brathendln und Steckerlfisch, kurz: ein Fest für alle Sinne!

Oktoberfeste, Glockenspiele, Lodenhosen gibt es längst auf der ganzen Erde. Doch der Augustinerkeller an einem warmen Sommerabend ist einmalig auf der Welt, das ist unwiederholbar, nicht verpflanzbar, das ist Münchens ureigenstes Lebensgefühl und darum beneidet uns der Rest der Welt.

A Brotzeit muss sein!

Der Biergarten ist im Sommer das Wohnzimmer der Münchner. Kein warmer Abend, kein Wochenende, an dem man ihn auslässt. Dazu gehört natürlich auch die Brotzeit, und damit sich’s auch Kleinverdiener leisten können - und das jeden Tag! - dürfen alle den Radi, das Brot, den Wurstsalat selber mitbringen, nur das Bier muss man kühl vom Wirt kaufen. Manche Selbstversorger bauen üppige Tafelfreuden auf, die meisten sind bescheidener.

Der Brauch ist alt. Um 1725 begannen die ersten Brauereien, in den Gasteigberg und andere Anhöhen rund um die Innenstadt Keller für die Kühlhaltung des Märzenbieres zu treiben. Darüber wurden Kastanien angepflanzt, deren Schatten die Kellergewölbe zusätzlich schützte. Dorthin zog man nun an warmen Tagen, denn nur hier gab es kühles Bier - das Münchner Schattendasein war geboren. Und weil es ein reiner Ausschank ohne Küche und Klimbim war, brachte man die Brotzeit gleich selber mit. Bei dem Brauch ist es bis heute geblieben, auch wenn inzwischen der Wirt seine eigenen Haxn anbietet.

Selbstbedienung muss sein!

Wer sich bedienen lassen will, bitte, aber es muss auch Selbstbedienung möglich sein. Oder was soll man davon halten, wenn am schönsten und wärmsten Sommerabend, dann also, wenn der Durscht natürlicherweise am größten ist und ganz München unter die Kastanien strömt, auch das Bier am längsten auf sich warten lässt? Wem würde nicht der Hals dick und der Mund staubtrocken, wenn man an solchen Abenden nach einer halben Stunde Kampf um die Aufmerksamkeit der Bedienung nur ein „i kimm ja glei" aus der Ferne hört? Wem wäre da nicht Selbstbedienung lieber, selbst wenn es bis zum Zapfhahn ein paar Minuten dauern sollte, aber es geht voran! Am schönsten ist das im Hirschgarten zu sehen: Bei Hochbetrieb werden im Garten einfach die Notschänken aufgemacht - die Holzfässer machen's möglich. Mit den Containern anderer Brauereien geht das leider nicht mehr. Aber Fass hin, Bier her, prost beinand, weil jetzt geht's los:

Viktualienmarkt

Der Biergarten ist die bayerische Version des Kommunismus und nirgends kann man das besser sehen als hier in Münchens bester Stube. Da sitzen sie alle: Banker, Broker, Hausfrau, Oberlandler, Penner, Nordlicht - alle einträchtig am gleichen Tisch. Naja bittschön, a bisserl Streit muss sein, aber dann prosten sich alle wieder zu und freuen sich des Lebens!

Leut schaun tun die Bayern sowieso gern, am besten mittags oder nachmittags, wenn das Leben um den Biergarten braust. Immer gibt's was zum sehen und staunen, zum grantln und spintisieren.

Der Biergarten bietet schattige Erholung vom Shopping-Stress. Zur Feierabend-Maß wirds ohnehin ruhiger hier. Übrigens: Die Münchner Brauereien übernehmen abwechselnd den Biernachschub.

HB MÜNCHEN
LÖWENBRÄU
SPATEN MÜNCHEN
Hacker-Pschorr
Augustiner-Bräu München gegründet 1328
PAULANER

80331 München-Innenstadt, Viktualienmarkt 6
Tel. 29 75 45

Wann:
Wochentags 9 - 22 Uhr
Samstag bis 20 Uhr, Sonntag geschlossen. Schon früh im Jahr offen

MVV:
S 1-8, U 3/6 Marienplatz,
Bus 52 Viktualienmarkt,
Tram 17/18 Reichenbachplatz

Rad:
Fußgängerzone, z.T. für Radler erlaubt, vom Isarradweg über Isartor;
1,2 km Park-Cafe (18)
2 km Hofbräukeller (30)

Parken:
Fußgängerzone!
Parkhäuser Innenstadt

Taxi:
Viktualienmarkt, Tal

Sitzplätze:
1100; meist Holzgarnituren

Essen:
Ringsrum Münchens größte Auswahl

Kinder:
Kein Spielplatz; keine Autos (Fußgängerzone)

Plus:
Buntes Publikum, bestes Essen, zentralste Lage, schattig

Minus:
Pflastersteinboden

Fazit:
Rast von der Hast mit Gaumen- und Augenschmaus

16 Unser Tipp:

Weil's wurscht is

Die Schrannenhalle wartet mit viel Kommerz und ein wenig Kunst auf. Dazwischen ragt ein echtes Münchner Gwachs: Manfred Schauer, der Vorredner dieses Büchleins und bekannt als Wiesn-Schichtl. An seinem Standl in der Halle bietet er die besten Weißwürscht weit und breit, nämlich ab 9 Uhr morgens frisch gebrüht und nicht wie anderswo seit Stunden im Wasserbad schwitzend.
Ein Meter Weißwurscht gefällig? Macht der Schichtl für Sie, klar.

Park-Café

Wer das Park-Café mit der Nobel-Disco im selben Gebäude gleichsetzt, versäumt eine überraschend wenig bekannte, aber herrlich gelegene Einkehr mitten im Grün des Alten Botanischen Gartens, nur wenige Meter vom Verkehrsgewühl um Stachus und Hauptbahnhof. Durch die altgewachsenen Bäume spitzen der Kasperlbarock des Justizpalasts und die Backsteingotik des Oberlandesgerichts, auf der anderen Seite liegt Münchens feinster Advokatenwinkel, und mittendrin der Biergarten mit ganz normalem Publikum. Kaum ein Tourist findet den Weg hierher und selbst die streitbaren Juristen dümpeln friedfertig vor ihrer Ladung Reinheitsgebot.

Der Garten ist recht sonnig, ein dichtes Blätterdach bietet er nicht. Also muss der Wirt mit vielen Schirmen nachhelfen.

Lang hat der Biergarten offen, im Hochsommer kann es bis ein Uhr nachts Bier geben. Zu späterer Stunde rücken dann noch Disco-Anwärter ein, die hier auf ihre Techno-Dröhnung warten.

LÖWENBRÄU

80333 München-Innenstadt, Sophienstraße 7
Tel. 59 83 13, www.park-cafe.de

Wann:
Mo - Fr 11 - max. 1 Uhr
Sa ab 12 Uhr, So ab 16 Uhr offen

MVV:
S1-S8, U 1/2/4/5;
Tram 16/17/18/20/21/27

Rad:
800 m Löwenbräukeller (20)
1 km Augustiner-Keller (22)
1,2 km Viktualienmarkt (16)

Parken:
Parkhäuser um Hauptbahnhof und Stachus.

Taxi:
Stachus, Hauptbahnhof

Sitzplätze:
1600; durchweg Holzgarnituren

Essen:
Viele, vor allem kleine Brotzeiten; Mo - Fr günstiges Mittagsgericht

Kinder:
Kein Spielplatz, aber viel Platz zum Spielen

Plus:
Zentrale Lage, alte Bäume, lange offen

Minus:
Viele Schirme

Fazit:
Überraschend ruhige, grüne Oase gleich am Stachus

18 Unser Tipp:

Drei Maß müssen sein
Ins Park-Café geht man erstens auf eine Durschtmaß nach dem Einkaufen in der Fußgängerzone; zweitens auf eine Begrüßungsmaß nach der Zugankunft im Hauptbahnhof und drittens auf eine Versöhnungsmaß, nachdem man gerade noch nebenan vor dem Münchner Amtsgericht ganz sakrisch zammgruckt ist – so schlimm war's ja gar nicht gmeint, also Prost Herr Nachbar!

Löwen-
bräukeller

„Wer nicht fremdgeht, kann uns nicht ausprobieren. Der etwas andere Biergarten.“ Mit diesem Slogan wirbt der Löwenbräukeller.

Schade, dass der kleine Spielplatz abgeschafft wurde, ebenso wie die Bühne, auf der seit Prinzregents Zeiten die Militärkapellen aufspielten.

Nicht jeder Zecher weiß, was ihn da benebelt - das frische Bier aus der Brauerei nebenan oder die Auspuffgase, die über den Zaun wehen. Davon lässt sich das solid-münchnerische Publikum freilich keineswegs beeindrucken, ja es darf hier auch aus rauhen Kehlen gesungen werden. Dann wird's schon gut sein, dass man weise aufs Auto verzichtet hat, schließlich hält die U-Bahn vor dem Eingang. Na also, oane geht no!

Ein Minus fangt sich der Bierkeller neuerdings ein: Das Pfand auf Gläser und Teller. Personalkosteneinsparung heißt das für den Wirt, ein stetes Ärgernis ist's für den Gast.

LÖWENBRÄU

80335 München-Neuhausen
Nymphenburger Straße 2, direkt am Stiglmaierplatz
Tel. 52 60 21, www.loewenbraeukeller.com

Wann:
Täglich 10 - 24 Uhr

MVV:
U 1, U 7, Tram 20/21
Stiglmaierplatz

Rad:
Radwege Dachauer-, Brienner-, Nymphenburger-Straße;
800 m Augustiner-Keller (22)
800 m Park-Café (18)
3 km Taxisgarten (50)

Parken:
Schlecht, nur kleiner P

Taxi:
Stiglmaierplatz

Sitzplätze:
1500; meist Holzgarnituren

Essen:
Reiche Auswahl; wie wär's mit dem Brustspitz mit Salat?

Kinder:
Kein Platz für Kinder!

Plus:
Stimmung, bis spät geöffnet, U-Bahn vor der Haustür

Minus:
Pfand für Krüge und Teller, kein Spielplatz, viele Schirme

Fazit:
Münchner Klassiker ohne Starallüren

20 Unser Tipp:

Bayern-Kultour
Ein paar Gehminuten vom Löwenbräukeller gesellt sich zu Bayerns Lebensart die bayerische Kunst: Das Lenbachhaus am Königsplatz beherbergt Meisterwerke von Bayerns eigener Kunst-Schöpfung, dem Blauen Reiter. *Kandinsky* und *Franz Marc* tauften ihren Stil, ganz passend, in der Gartenwirtschaft von Sindelsdorf.
Das Museum ist klein und fein, es erschlägt uns nicht mit Opulenz. Wer Lenbachhaus und Löwenbräukeller zusammen besucht, sieht eine ganze Menge Bayern!

Augustiner-Keller

Wenn Sie *den* Biergarten suchen, hier ist er. Aus der Hektik der Innenstadt hier einzutauchen unters grüne Dämmerdach, in das Geklingel der Krüge und Gebrumme der Maßarbeiter, das gehört zu den bajuwarischen Urgefühlen, das ist Münchner Schatten-Dasein schlechthin. Doch wie soll man's beschreiben, was man erleben, ja mit allen Sinnen fassen muß?

Stammtisch reiht sich an Stammtisch, über hundert an der Zahl, alle umsorgt von resoluten Bedienungen. Die Kenner aber sitzen hinten bei den Selbstabholern und warten auf das nächste Fass Edelstoff aus dem mit Eis perfekt temperierten Bierkeller. Eine Glocke kündigt den Fasswechsel an. Spätestens, wenn uns der Wirt die dritte Maß eingeschenkt hat, ist's der schönste Platz von der ganzen Welt!

Einzigartig ist auch die Befreiungshalle am Haupteingang. Dazu nur soviel: Damen sind dort verpönt.

J. W.
Augustiner-
Bräu München
gegründet 1328

80335 München-Neuhausen
Arnulfstraße 52, Ecke Zirkus-Krone-Straße
Tel. 59 43 93, www.augustinerkeller.de

Wann:
Täglich 11 - max. 1 Uhr
Ausschankende ca. 23.30 Uhr

MVV:
S 1-8, Tram 17 Hackerbrücke

Rad:
800 m Löwenbräukeller (20)
1 km Park-Café (18)
3 km Hirschgarten (66)

Parken:
Beschränkt, in den Straßen ringsum

Taxi:
Stiglmaierplatz, Hauptbahnhof, abends oft am Haupteingang

Sitzplätze:
5000; durchweg Holztische

Essen:
Große Auswahl, viele Käsesorten, meist gutes Hendl

Kinder:
Schöner Spielplatz mit Auslauf

Plus:
Stadtlage, beste Stimmung, der Klassiker

Minus:
Keine familienfreundlichen Preise; Tische extrem eng gestellt

Fazit:
Der münchnerischste aller Biergärten; muss man erlebt haben!

22 Unser Tipp:

Ab in den Eiskeller
Wird's Ihnen im Biergarten allzu heiß, probieren Sie den ehemaligen Eiskeller aus, acht Meter unter der Erde und inzwischen zum großen, urigen Biergewölbe ausgebaut. Voll wird es hier gerne und laut ist es auch, das Tonnengewölbe potenziert das Stimmengewirr - also unbedingt ausprobieren! Offen ab 16 Uhr, doch sonntags und feiertags geschlossen.

Paulaner Bräuhaus

Der Bräuhaus-Biergarten bietet zentrale Lage inklusive Auspuffanschluss.

Die alte Braustätte stößt jedes Jahr fünf verschiedene Saisonbiere aus wie *Pauline* oder *Schwarzer Kapuziner*, aber von jeder Sorte nur einen Sudkessel. Fragen Sie also bei Ihrem Besuch, ob es gerade ein frisch gebrautes Spezialbier gibt. Das können Sie dann auch im Syphon mitnehmen.

Nur eine Hecke dämmt den Lärm der nahen Straße, die Häuser ringsum schauen direkt in den Maßkrug, wir sind in der Innenstadt. Zur Isar ist es nicht weit, wer also dort entlangradelt, mag einmal hereinschauen. Es gibt vorzügliches Paulaner-Bier, im Hause gebraut und trüb belassen. Leider haben die Buden bei weniger sicherem Wetter schon mal zu.

PAULANER

Feinste Münchner Braukunst seit 1634

80337 München-Sendling, Kapuziner Platz 5
Tel. 5 44 61 10, www.paulanerbraeuhaus.de

Wann:
Täglich 10 - 23 Uhr,
SB nicht immer offen

MVV:
U 3/6 Goetheplatz,
Bus 58 Kapuzinerplatz

Rad:
Radweg Lindwurmstraße;
Kapuzinerstraße ohne Radweg, verkehrsreich!
2,5 km Flaucher (88)

Parken:
Sehr schwierig auf der Straße

Taxi:
Goetheplatz

Sitzplätze:
700; durchweg Holztische

Essen:
Das eigentliche Schmankerl ist das naturtrübe Bier, ansonsten das übliche Angebot

Kinder:
Kein Spielplatz

Plus:
Günstige Preise, Innenstadtlage, Spezialbier

Minus:
Straßenlärm, kein Spielplatz

Fazit:
Für Bierkenner empfehlenswert

24 Unser Tipp:

Jungbierprobe

Durch die Hausbrauerei mit anschließender Jungbierprobe führt Sie der Braumeister persönlich, freilich erst, wenn mindestens zehn Leute zusammenkommen. Sind Sie also zu fünft, fragen Sie einfach andere Gäste, meist finden sich noch (Pro)Bierwillige. Der Braumeister ist wochentags von 10 bis 17 Uhr im Haus und braut. Wer einmal so tief in die Mysterien des Brauens eingedrungen ist, nimmt auch gern einen Syphon besten Bieres mit, wie es einst unsere Großväter getan.

Paulanerkeller

A bisserl weltberühmt ist er schon, der Klassiker auf dem Nockherberg, vielen noch unter seinem alten Namen Salvatorkeller bekannt. Der Starkbierausschank zur Fastenzeit kommt für Biergartengänger meist zu früh, außer man erwischt einen strahlenden Märztag.

Nach dem verheerenden Brand des Paulanerkellers öffnete der Biergarten 2003 wieder - neu durchgestylt, aber mit alten Bäumen, die das Inferno wie durch ein Wunder überstanden haben.

Wie immer bei solchen Generalüberholungen ist ein bisschen altbackener Charme verloren gegangen und der Service für die Gäste verbessert worden. Insgesamt hält sich der Paulanerkeller wacker: Die neue Service-Straße und ähnliche moderne Errungenschaften können die Stimmung im wohl ältesten erhaltenen Bierkeller Münchens nicht vertreiben. Der heimliche Nabel Giesings ist wieder zu alter Herrlichkeit aufgeblüht.

PAULANER
Feinste Münchner Braukunst seit 1634

81541 München-Giesing, Hochstraße 77
Tel. 4 59 91 30, www.nockherberg.com

Wann:
Täglich 10 - ultimo (kann auch bis 1 Uhr nachts sein)

MVV:
U 2/8 Kolumbusplatz,
Tram 15, 25, 27 Ostfriedhof,
Bus 52/58/152 Mariahilfplatz

Rad:
2 km Hofbräukeller (30)
3 km Alter Wirt Ramersdorf (90)
3,5 km Siebenbrunn (86)

Parken:
P am Biergarten vorhanden; dazu kostenpflichtige Tiefgarage

Taxi:
Ostfriedhof, Falkenstraße

Sitzplätze:
2300; überwiegend Holzgarnituren

Essen:
Große Auswahl in der "Service-Straße", z.B. Brust-Spare Ribs mit guten Saucen

Kinder:
Großer, neuer Spielplatz, nur z.T. einsehbar

Plus:
Schattiger Garten, süffiges Bier, Biergarten schon seit 1820

Minus:
Service fast zu perfekt durchgestylt

Fazit:
Ein bisserl Charme ist abgebrannt, aber ein gemütlicher Klassiker ist's geblieben

26 Unser Tipp:

Lichter auf dem Berg
Zweimal im Sommer gibt's hier oben ein Lampionfest. Jeder Tisch wird dann mit Lampions illuminiert, die die Gäste anschließend mit nach Hause nehmen können. Das sorgt für ganz wunderbares Licht im Biergarten, das gefällt Groß und Klein gleichermaßen. Im August muss man auch nicht mehr so furchtbar lange warten bis die Dunkelheit hereinbricht und das Lichtermeer seine volle Pracht entfalten kann.

Muffatwerk

Der neue Biergarten an der Muffathalle liegt zwar von der Straße aus gut versteckt, dafür aber ganz nah an der Radlerautobahn entlang der Isar. Trotz Flussnähe kriegt man hier nichts vom Wasser mit, dafür sorgen der Zaun, der durchaus reizvolle Fabrikeinfahrtcharme und der Hinterhofcharakter.

Im Biergarten angelangt tischt Münchens erster „zertifizierter Biobiergarten" Herrmannsdorfer Fleisch vom Lavasteingrill auf. Vor allem wird das warme Essen frisch zubereitet, liegt also nicht schon halb vertrocknet in der Theke.

An klassischem Biergartencharme mangelt es ein wenig. Hier kehren eher die Szenegänger der Muffathalle ein, am Wochenende durchmischt vom Ausflugspublikum. Kinder finden im Biergarten leider nur eine große Sandkiste, größere Kinder können auf einen großen öffentlichen Spielplatz 150 Meter weiter ausweichen.

MÜNCHEN

81667 München-Haidhausen, Zellstraße 4
Tel. 45 87 50 73, www.muffathalle.de

Wann:
Mo - Do 17 - 1 Uhr,
Fr - So schon ab 12 Uhr

MVV:
S 1 - 8 Isartor; Tram 18 bis Deutsches Museum

Rad:
Isarradweg; Radweg über Ludwigsbrücke zum Isartor
1 km Hofbräukeller (30)
4 km Flaucher (88)

Parken:
Schwierig, Parklizenzgebiet, evtl. Tiefgarage Am Gasteig

Taxi:
Isartor, Rosenheimerplatz

Sitzplätze:
400; durchweg Holzgarnituren

Essen:
Frisch zubereitetes Biofleisch; mediterrane Speisen. Warme Speisen erst zahlen, dann an der Ausgabe abholen

Kinder:
Nur eine große Sandkiste, gut einsehbar

Plus:
Günstige Lage; frisch zubereitetes Essen; abends lange offen

Minus:
Für Kinder nur Sand; viele Schirme

Fazit:
Angenehmer Biergarten mit Szene-anschluss, aber ohne Allüren

28 Unser Tipp:

Volksbadetag
Das Müllersche Volksbad gleich vor der Muffathalle muss jeder mal erlebt haben: Es ist das Juwel unter den öffentlichen Bädern Deutschlands. Um 1900 im schönsten Jugendstil erbaut, galt es damals als modernste und aufwändigste Badeanstalt überhaupt.
Die originale Pracht der Schwimmhallen, Schwitzbäder und hölzernen Umkleidekabinen steht uns heute täglich von 7.30 bis 23 Uhr offen (Montag große Halle nur bis 17 Uhr). Nähere Infos unter www.swm.de/m-baeder

Hofbräukeller

Unter den Kastanien des Hofbräukellers (nicht zu verwechseln mit dem *Hofbräuhaus*!) lässt sich noch ein echtes Stück Altmünchner Bierkeller-Atmosphäre schnuppern.

Gleich neben dem Eingang nippen die Small Talker am Open-air-Tresen des *Sausalitos* vom exotischen Drink. Wer's deftiger mag, druckt sich weiter hinten zwischen Schenke und Salettl rein, grad da, wo in lauer Sommernacht ein Meer von Köpfen dicht an dicht hockt und, bajuwarisch leidenschaftlich bei der Sach, dem Bier und dem prallen Leben zuspricht!

Eng geht's hier oft zu und wenn ein Kinderwagl neben dem Biertisch steht, ist fast kein Durchkommen mehr. Das ficht uns aber kaum an, spätestens bei der zweiten Maß passt alles. Ohnehin ist dies kein Biergarten, in den man für den schnellen Durst geht, hier sitzen die meisten Leute fest, und das verstehen wir auch. Also unbedingt ausprobieren!

MÜNCHEN

81667 München-Haidhausen, Innere Wiener Straße 19,
Tel. 4 59 92 50, www.hofbraeukeller.de

Wann:
Täglich 10 - 24 Uhr (Schankschluss 22.30 Uhr)

MVV:
U 4/5, Tram 19 Max-Weber-Platz, Tram 18 Wiener Platz

Rad:
Vom Isarradweg am Maximilianeum hinauf und rechts zum Biergarten;
2 km Chinesischer Turm (34)
3 km Wirtshaus Zamdorfer (32)
5 km Flaucher (88)

Parken:
Schwierig, evtl. im Parkhaus Innere Wiener Straße). Ticket im Biergarten stempeln lassen - dann wird's billiger!

Taxi:
Ismaninger Straße, Gasteig

Sitzplätze:
2000; durchweg Holzgarnituren

Essen:
Übliche Auswahl, am Abend oft manches ausverkauft

Kinder:
Spielplatz mit Hüpfburg

Plus:
Innenstadtlage, Klassiker, schattig, gute Stimmung

Minus:
Sehr eng gestellte Tische

Fazit:
Traditions-Biergarten mit Ur-Münchner Flair

30 Unser Tipp:

Deutsches Museum
Tagelang kann man sich in diesem Riesen-Museum verlieren. Wir lassen es gemütlicher angehen. Wie eh und je interessiert die Kinder das Bergwerk und die regelmäßig stattfindende Blitz-Show mit künstlich erzeugten Blitzen. Ansonsten hilft nur Maß halten und nicht alles sehen wollen, es würde eh nicht gelingen. Endlich bringt uns die Tram-Linie 18 zwei Stationen weiter zum Eingang des Biergartens.

Wirtshaus Zamdorfer

Wer würde schon einen Biergarten versteckt im Wohngebiet vermuten? Zufällig vorbei kommt man beim Zamdorfer nicht, man muss ihn also kennen oder anhand dieses Büchleins aufspüren.

Wer dann glücklich am Eingang gelandet ist, findet einen schönen, alten Biergarten vor einem dörflich wirkenden Wirtshaus – da vergisst man fast, dass man in München ist: „*Der* Biergarten vor den Toren Münchens" behauptet der Zamdorfer von sich selbst – naja, vor den Toren liegt er nicht und für den Biergarten schlechthin halten wir ihn wegen seiner Handvoll alter Kastanien auch nicht, aber ein rundum angenehmer Biergartenabend lässt sich im Zamdorfer allemal verbringen. In der ganzen Gegend ist er biergartentechnisch der einzige Lichtblick.

Im Mai steigt im Zamdorfer ein Jahresfest und auch sonst wird manchmal Live-Musik geboten.

SPATEN
MÜNCHEN

81677 München-Bogenhausen, Schwarzwaldstraße 2a
Tel. 91 69 21, www.wirtshaus-zamdorfer.de

Wann:
SB täglich 17 - 23 Uhr

MVV:
U 4 Böhmerwaldplatz

Rad:
3 km Hofbräukeller (30)
3,5 km Chinesischer Turm (32)
3,5 km Michaeligarten (92)

Parken:
Nur auf der Straße davor

Taxi:
Essenfeldener Straße

Sitzplätze:
250; meist Holztische

Essen:
Übliches Angebot

Kinder:
Kleiner Spielplatz am Haus, gut einsehbar; gegenüber Abenteuerspielplatz

Plus:
Versteckte Lage, schönes Wirtshaus

Fazit:
Kleiner Biergarten am alten Wirtshaus

32 Unser Tipp:

Daglfinger Wette
Nicht weit vom Zamdorfer traben die Pferde auf der Daglfinger Rennbahn um die Wette und die Zuschauer setzen mit. Sie kennen sich bei Pferderennen nicht aus? Macht nichts, gewinnen kann jeder - aber mit Anstand verlieren, das ist die Kunst. Die Rennen finden meist mittwochs 18 Uhr oder am Wochende um 14 Uhr statt, aber nicht immer. Genaue Termine gibt es unter www.daglfing.de. Frauen und Kinder haben freien Eintritt. Und wenn Sie dann wider Erwarten doch abgeräumt haben, bietet sich der Zamdorfer an, um den Gewinn halbwegs anständig unter die Leut zu bringen.

Chinesischer Turm

Münchens buntester Biergarten bietet viel fürs Auge und fürs Ohr. Vom ersten milden Sonnenstrahl an sitzen am Chinaturm schon die Unentwegten bei der ersten Maß der Saison. Wird es wärmer, flaniert ein lustiges Schwabinger Völkchen in allen Kleidern und Hautfarben von Uni und Leopoldstraße herüber und trifft hier im Herzen des Englischen Gartens auf Unmengen Sommerfrischler. Die überwiegen an den Wochenend-Nachmittagen klar. Dann spielt auch eine zünftige Blasmusik auf. Der können wir bei schönem Wetter auch mittwochs und freitags bis zum frühen Abend lauschen.

Die vielen Plastiktische an der Hauptschänke ärgern uns. Ebenso die Unsitte mit dem Pfand für Krüge, aber das war eine Auflage der Parkverwaltung, deren Mähmaschinen durch herrenlos auf den Wiesen herumliegende Maßkrüge argen Schaden litten. Trotzdem, Pfand hin, Krug her, Chinaturm bleibt Chinaturm.

HB
MÜNCHEN

80538 München-Schwabing, Englischer Garten 3
Tel. 38 38 73 20, www.chinaturm.de

Wann:
Täglich 10 - 22/23 Uhr,
geöffnet z.T. ab Februar

MVV:
Bus 54/154 Chinesischer Turm,
Tram 17 Tivolistraße, U 3/6
Giselastraße

Rad:
Radwege Englischer Garten
oder von Leopoldstraße über
Tivolistraße;
1 km Seehaus (36),
2 km Hirschau (38)
4 km Aumeister (40)

Parken:
P mit Gebühr

Taxi:
Park Hilton

Sitzplätze:
7000; großteils Holzgarnituren

Essen:
Große Auswahl für jeden Geschmack, z.B. Karibische Gerichte, auch viele kleine Brotzeiten

Kinder:
Großzügiger Spielplatz

Plus:
Lage im Englischen Garten, Blasmusik, lustiges Völkchen

Minus:
Pfand für Krüge, viele Plastiktische

Fazit:
Ein Muss im Herzen des Englischen Gartens

34 Unser Tipp:

Kutschfahrt im Englischen Garten

Lohnkutscher *Hans Holzmann* steht seit 40 Jahren am Chinaturm für Sie bereit. Wie wär's mit einer Fahrt ins Glück in der weißen Hochzeitskutsche oder einem Ausflug im großen Gesellschaftswagen? Die Stunde kostet 70 Euro, die halbe Stunde die Hälfte. Münchens einziges Kutschenunternehmen steht ab Mittag zur Verfügung, Telefon von 10 - 12 Uhr 18 06 08.

Seehaus

Wer gesehen werden will, kommt hierher. Wer Leute sehen will, die gesehen werden wollen, kommt her. Und wer glaubt, daß man ihn/sie sehen will, kommt auch her. Wer bloß friedlich den schönen Blick auf See und Park genießen will, kommt auf seine Kosten. Alle sind happy around, auch die Kinder, die können die Schwäne füttern oder im hinteren Gartenteil auf dem Holzschiff Piraten spielen.

Erste Adresse ist das Seehaus im Winter bei Föhn. Die Tische direkt am See können schon rappelvoll sein, wenn der See noch Eis trägt. Dann macht auch schon der Crêpes-Stand auf.

Im Sommer empfehlen wir den hinteren Gartenteil mit Schatten oder einen Besuch am späteren Abend. Das große Schankzentrum wird den oft starken Andrang schon bewältigen.

PAULANER
Feinste Münchner Braukunst seit 1634

80802 München-Schwabing, Kleinhesselohe 3
Tel. 3 81 61 30, www.kuffler-gastronomie.de

Wann:
Wochentags 11 - 24 Uhr,
Wochenende 10 - 24 Uhr,
bei schönem Wetter ganzjährig

MVV:
U3, U6 Münchener Freiheit
U 6 Dietlindenstraße
Bus 144 Osterwaldstraße

Rad:
Radwege Englischer Garten;
1 km Chinesischer Turm (34)
1 km Hirschau (38)
3,5 km Aumeister (40)

Parken:
Kleiner P mit Gebühr

Taxi:
Artur-Kutscher-Platz,
Park Hilton

Sitzplätze:
2600; durchweg Holzgarnituren

Essen:
Große Auswahl bei unüblichen Preisen. Obatzda zu empfehlen. Crêpes

Kinder:
Schöner Spielplatz im hinteren Gartenteil mit Kletterschiff

Plus:
Auch im Winter offen,
direkt am See

Minus:
Gastronomische Preise;
alkoholfreie Getränke nur im Plastik-Becher

Fazit:
Winterfester Schicki-Micki-Treff in Traumlage

36 Unser Tipp:

Eine Bootsfahrt, die ist lustig
Vor dem Biergartenbesuch ist es sicherer, danach spaßiger: Welche Dame würde nicht dahinschmelzen, wenn sie ein starkes Mannsbild über den See rudert? Vielleicht hinüber zum romantischen Inselchen, dann, wenn die Sonne hinter Schwabings Türmen versinkt und der Mond aufgeht ...
Seit mehr als 25 Jahren werden neben dem Seehaus Boote vermietet und Fahrräder gibt es auch zu leihen. Täglich von 9 - 21 Uhr.

Hirschau

Der etwas versteckte Biergarten auf der stark frequentierten Park-Piste vom Chinaturm übers *Seehaus* (36) zum *Aumeister* (40) wartet täglich mit Live-Musik am Tanzboden auf (Wochentags ab 17 Uhr, Wochenende ab 12 Uhr). Bis ein Uhr morgens dürfen wir hier die Krüge stemmen.

So ganz kann die Hirschau ihren Charakter als ehemalige Rollschuhbahn nicht verhehlen. Doch der reichlich altbackene Charme aus den Jahren vor der Renovierung ist durchgestylter Gastronomie gewichen. Das Restaurant mit Golfclubcharme waret aufs gehobene Nordschwabinger Publikum. Draußen schmeckt uns aber das Hendl gleich noch viel besser. Und die Preise wirken deutlich freundlicher als im *Seehaus* (36).

Zwei neue, alterfahrene Wirtsleut haben die Hirschau im Jahr 2006 übernommen. Ändern soll sich aber, so sagen sie, am bewährten Konzept nicht viel.

80805 München-Schwabing, Gyßlingstr. 15,
Tel. 3 22 10 80, www.hirschau-muenchen.de

Wann:
Täglich 11 - 1 Uhr

MVV:
U 6 Dietlindenstraße
Bus 44 Osterwaldstraße

Rad:
Radwege Englischer Garten, Hirschau; vom Isar-Radweg über Isarring;
0,5 km Seehaus (36)
2 km Chinesischer Turm (34)
3 km Aumeister (40)

Parken:
Großer P anbei

Taxi:
Park Hilton

Sitzplätze:
1300; überwiegend Holzgarnituren

Essen:
Wegen Wirtewechsel keine Beurteilung

Kinder:
Großes Areal mit „Multifunktionsdschunke"

Plus:
Schöne Lage; preiswerter als die Nachbar-Biergärten

Minus:
Knöcheltiefer Kies;
viele Schirme

Fazit:
Familienfreundliche Parkschenke

38 Unser Tipp:

Baden in der Hirschau
Viele Münchner kennen den Englischen Garten nur bis zum Kleinhesseloher See. Dabei ist die Hirschau der viel größere Teil des Parks, am Wochenende weniger überlaufen und mit zwei klassischen Anlaufstationen am Süd- und am Nordrand: dem Biergarten Hirschau und dem *Aumeister* (40). Der Schwabinger Bach und der Oberjägermeister-Bach durchziehen die Auwiesen, die Isar bildet die Grenze – ideal zum Baden!

Zum Aumeister

Weltruf genießt der Aumeister in der Studentenstadt und bei den Besuchern des Englischen Gartens, außerhalb Münchens aber ist er kaum bekannt.

Seine Lage am Nordrand des Englischen Gartens macht ihn zum idealen Ausflugsziel. Oft schon im März lockt Frühlingswetter Scharen zur Einkehr am königlichen Aujägermeisterhaus von 1810. Lassen Sie sich nicht abschrecken, wenn am Eingang Gedränge herrscht und sich die Fahrradl stauen. Im hinteren, schattigen Teil finden alle genügend Platz. Was uns freut: Die unseligen Plastikbecher für den Spezi sind wieder richtigen Gläsern gewichen. Und für die Kinder gibt es einen neuen, großen Spielplatz.

Im Aumeister wird Saisonbier ausgeschenkt: Im März ein süffiges Starkbier, später dann Maibock und Wiesnbier – Superkraftstoff für die Heimreise oder Stärkung für den Weg zum nächsten Biergarten. Doch Vorsicht: Wer sich hier hinsetzt, steht so schnell nimmer auf!

MÜNCHEN

80939 München-Schwabing, Sondermeierstraße 1
Tel. 32 52 24, www.aumeister.de

Wann:
Täglich 10 - 23 Uhr,
schon früh im Jahr auf;
im Sommer kein Ruhetag

MVV:
U 6 Freimann (10 Min. zu Fuß)

Rad:
Radwege Englischer Garten;
3 km Hirschau (38)
4 km Seehaus (36)
5 km Chinesischer Turm (34)
9 km Mühlenpark (104)

Parken:
P am Biergarten

Taxi:
Studentenstadt

Sitzplätze:
2500; durchweg Holzgarnituren

Essen:
Große Auswahl mit allen Biergarten-Klassikern

Kinder:
Großer, neuer Spielplatz, gut einsehbar, viel Auslauf

Plus:
Lage im Englischen Garten, Saisonbier

Fazit:
Klassischer Ausflugsbiergarten

40 Unser Tipp:

Radlerparadies
Wie geschaffen für Radler sind die Isar, der Englische Garten und die Hirschau. Vom *Flaucher* (88) im Süden Münchens kann man rechts der Isar kreuzungsfrei (!) bis zur Kennedy-Brücke radeln und kommt dann links abbiegend in den Englischen Garten zum *Chinesischen Turm* (34), zum *Seehaus* (36), zur *Hirschau* (38) und zum *Aumeister* (40). Wunderschön ist die Fahrt vom Aumeister zurück nach Schwabing bei Vollmond, wenn in der Hirschau schon Nebelschlieren über den Flusswiesen liegen.

Wirtshaus am Hart

Münchner kennen das Wirtshaus als Sitz des Hinterhof-Theaters, aber probieren Sie auch mal den Biergarten aus, der Besuch lohnt sich. Der größere Teil des Gartens steht für Selbstbediener offen, an der Küchentheke darf man sich auch selbst bedienen.

Groß ist er nicht, der Garten, aber schattig, in fast dörflicher Umgebung. Schade nur, dass der moderne Anbau des Wirtshauses in den Garten hineinragt und ein Stück von der früher so urig-familiären Atmosphäre wegnimmt. Wirtshaus, was willst du sein, Theater oder Kneipe oder Biergarten? Münchens einziges Denkmal für den Räterevoluzzer Kurt Eisner steht hier im Biergarten.

Der schöne Gegensatz - drin die geistigen Höhenflüge des Kabaretts, draußen das erdige Bayern, bleibt uns hoffentlich lange erhalten.

LÖWENBRÄU

80937 München-Am Hart, Sudetendeutsche Straße 40,
Ecke Feserstraße, Tel. 3 11 60 39

Wann:
Täglich 11 - 23 Uhr, SB 17 - 23 Uhr

MVV:
U2 Am Hart; Bus 171, 294

Rad:
Radweg Nord = ehemalige Trasse der Tram 12 und 13
1 km Weyprechthof (44)
4,5 km Aumeister (40)

Parken:
P auf der Straße

Taxi:
Ingolstädter / Ecke Sudetendeutsche Straße

Sitzplätze:
400; durchweg Holzgarnituren

Essen:
Bio-Brotzeiten (z.T. nur über Bedienung), klassische Schmankerl (beim Radi auf Salz bestehen), Antipasti

Kinder:
Spielplatz, gut einsehbar

Plus:
Gemütlicher Hofcharakter

Fazit:
Schöner, familiärer Biergarten, strebt nach Höherem

42 Unser Tipp:

Kombi mit Kultur
Das Hinterhof-Theater im Nebensaal des Wirtshauses ist eine der angesehensten Spielstätten für Kabarett und Satire in München. Eine urbayerische Mischung also: Während drin kräftig derbleckt wird, genießt man draußen das Leben in vollen Zügen.
Das Programm gibt's unter www.schlachthof.net

Der Weyprechthof

Ein Nachbarschafts-Biergarten mit U-Bahn-Anschluss und, wie es sich in Bayern gehört, gleich neben der Kirche. Wer das Besondere sucht, wird hier wenig finden, wer aber einfach einen gemütlichen Abend verbringen will, der ist in diesem Garten gut aufgehoben. Der Radweg führt direkt vorbei, viel Platz für die Kinder ist vorhanden, nur der Zaun setzt ihnen Grenzen.

Der Weyprechthof sperrt immer auf, wenn's schön ist, auch außerhalb der Hauptsaison. Wer also einen sonnigen Herbstsonntag nicht auf der Wiesn verbringen will, der ist hier bestens aufgehoben. Wenn die Buden einmal nicht auf haben, kann man sich das Bier drinnen im Wirtshaus holen. Übrigens: Sogar bei unserem Besuch im September perlte Salvator und Hubertusbock in den Krug.

Gar nicht weit ist's von hier zum *Wirtshaus am Hart* (42).

PAULANER
Feinste Münchner Braukunst
seit 1634

80937 München-Harthof
Max-Liebermann-Straße 6, Ecke Weyprechtstraße
Tel. 3 11 19 50

Wann:
Wochentags 16 - 23 Uhr,
Wochenende ab ca. 14 Uhr

MVV:
U8 Harthof, Bus 171
Röblingweg

Rad:
Radweg aus Schwabing
über Belgrad-/Knorrstraße;
1,2 km Wirtshaus am Hart (42)

Parken:
Kleiner P, sonst im Wohngebiet

Taxi:
Dülferstraße

Sitzplätze:
800; durchweg Holzgarnituren

Essen:
Reichliches Brotzeit-Angebot,
hausgemachter Kartoffelsalat,
Freiluftgrill

Kinder:
Spielplatz, gut einsehbar,
viel Platz

Plus:
Ruhige Atmosphäre, viel Platz,
günstige Preise

Fazit:
Angenehmer Nachbarschafts-Biergarten ohne Besonderheiten

44 Unser Tipp:

Kirche und Wirtshaus...
... gehören zusammen wie Bayern und Bier. In jedem Dorf, das auf sich hält, stehen die beiden einträchtig nebeneinander – trotz der sonntäglichen Rivalität um die Gunst des Volkes. Wirtshaus und Kirche halten Bayerns Leib und Seele zusammen. Hier im Weyprechthof läßt sich das so gut sehen wie in ungezählten Wirtsgärten und Klostergasthöfen auf dem Lande.

Wirtshaus Lerchenauer See

Ein netter Badesee im Münchner Nordosten und direkt am Ufer ein Biergarten mit allem was dazugehört. Der Ausblick über See und Grüngelände ist traumhaft, der Fernsehturm grüßt herüber. Der Blick auf die andere Seite erlaubt ungewollte Einblicke in die Stadtplanung der 70er Jahre. Also einfach richtig rum hinsetzen.

Sommersonntagnachmittags gibt's hier Live-Konzerte mit Bands aller Stilrichtungen, dann, wenn der Ansturm der Badegäste naturgemäß am größten ist. Die Essensstandl sind aber jedem Andrang gewachsen.

Auch in der Stadt lässt sich also ein Tag Badeurlaub einlegen samt bajuwarischer Verköstigung.

80995 München, Lassallestraße 100
Tel. 14 34 06 30

Wann:
Mo-Fr 15 - 23 Uhr
Wochenende 10 - 23 Uhr

MVV:
S1 Fasanerie, U1 OEZ
Bus 81/83

Rad:
4 km Concordia Park (48)
4,5 km Wirtshaus am Hart (42)
4,5 km Taxisgarten (50)

Parken:
P am Biergaten

Taxi:
Lasallestraße

Sitzplätze:
400; durchweg Holzgarnituren

Essen:
Übliche Auswahl; gute Spare Ribs

Kinder:
Kleiner Spielplatz, gut einsehbar

Plus:
Lage am Wasser, Bademöglichkeit

Minus:
Blick nach Westen zubetoniert

Fazit:
Schöner Biergarten an unerwarteter Stelle

46 Unser Tipp:

Ausweispflicht
Wer öfter hier strandet, sollte sich für den Biergarten-Ausweis entscheiden: Zehnmal für fünf Euro konsumiert, eine Maß Freibier verdient. Da es bekanntlich nix kostenlos gibt, darf der Gelegenheitsgast also für die klugen Stammgäste mitzahlen. Hund san's scho! Wem das nicht passt, der kühle sein Mütchen im Baggersee. Sonntags kann man zur Live-Musik auf der Luftmatratze dümpeln.

Concordia Park

„Willkommen sind friedvolle Gäste im Biergarten und stimmbegabte Herren für den Chor“ verkündet die Tafel am Eingang. Damit sind wir zutreffend eingestimmt auf dieses Kleingartenidyll des Männergesangvereins Concordia, der schon 1914 die erste Bierbude aufstellte.

Ohne Klimbim kommt der Biergarten aus, hier trifft sich die Nachbarschaft aus Borstei und Neuhausen. Lautstarke PS-Protze können ohnehin nicht vorfahren, so bleiben sie lieber gleich fort und röhren deutlich hörbar über den nahen Mittleren Ring.

Wenn Sie das Brotzeitstandl nicht auf Anhieb finden: Gehen Sie am Eingang des Lokals vorbei ganz nach hinten durch.

Dienstagabends halb acht können Sie der Chorprobe des Gesangvereins beiwohnen. Als Chormitglied, so erfahren wir, „haben Sie schon fast gewonnen“, wenn Sie einen der umliegenden Schrebergärten ergattern wollen. Wohl bekomm's!

LÖWENBRÄU

80637 München-Neuhausen, Landshuter Allee 165
Tel. 15 52 41

Wann:
Täglich ca. 15 - 23 Uhr,
oder ab 11 Uhr Bier im
bedienten Bereich holen.
Im Sommer kein Ruhetag

MVV:
Tram 20 Olympiapark West

Rad:
Radwege Dachauer Straße,
Landshuter Allee;
500 m Taxisgarten (50)
2,5 km Löwenbräukeller (20)
4 km Wirtshaus Lerchenauer See
(46)

Parken:
Zufahrt Landshuter Allee nur Richtung Donnersberger Brücke, vor der Aral-Tankstelle rechts; kleiner P

Taxi:
Borstei

Sitzplätze:
700; durchweg Holzgarnituren

Essen:
Übliche Auswahl, auch Brotzeiten für den kleinen Hunger

Kinder:
Spielplatz, gut einsehbar,
viel Auslauf, keine Autos

Plus:
Preiswert, sehr rustikal

Minus:
Selbstbedienung nicht
immer offen

Fazit:
Versteckter Bier- und
Kleingarten

48 Unser Tipp:

Borstei
Einen Tram-Halt vom Biergarten (Halt Baldurstraße) liegt die Borstei, ein städtebauliches Kleinod der 20er Jahre. Was heute unter dem Etikett sozialer Wohnungsbau liefe, legten die Architekten *Borst* und *Bieber* damals als geschlossenes Ensemble an, mit hübschen Innenhöfen, Kastanien-Alleen, Buchenhainen, Laubengängen und Brunnen. Beim Bäcker und Metzger der Borstei gibt's die Biergarten-Brotzeit und im Lederhosen-Laden nebenan das passende Outfit.

Taxisgarten

In der Wohngegend zwischen Nymphenburger Kanal und den Auffahrtsalleen liegt wohl versteckt der Taxisgarten. Nach dem Ersten Weltkrieg von der Stadt München für Kriegsopfer eingerichtet, ist der Garten hinter der Versehrten-Villa heute Anlaufstelle vieler jüngerer Leute nicht nur aus Neuhausen und Gern - die U-Bahn hält schließlich fast nebenan. Angenehmer läßt sich ein Sommerabend kaum verbringen.

Unschöner Anblick am Eingang: Linkerhand beleidigt eines der letzten Biotope grüner Plastiktische unser Auge. Das gleiche Spiel nochmal am Spielplatz.

Im richtigen Biergarten, unter den alten Bäumen, kann es abends schon mal eng werden. Bittschön, sans ned so gschamig – irgendwo druckt man sich halt noch dazu, die Holzbänke machen's möglich!

Vor der Bude mit dem warmen Essen bilden sich abends schon mal Schlangen. Für kalte Brotzeiten gehe man einfach rechts an der Kasse vorbei zum Fenster.

SPATEN
MÜNCHEN

80637 München-Neuhausen, Taxisstraße 12
Tel. 15 68 27, www.taxisgarten.de

Wann:
Täglich 10 - 23 Uhr;
Küche ab 11.30 Uhr

MVV:
U 1 Gern

Rad:
Radwege Dachauerstraße, Landshuter Allee, Waisenhausstraße;
500 m Concordia-Park (48)
3 km Hirschgarten (66)
4 km Fasanerie (52)
4,5 km Wirtshaus Lerchenauer See (46)

Parken:
Kleiner P im Hof, sonst schwierig im Wohngebiet

Taxi:
Waisenhausstraße; Borstei

Sitzplätze:
1500; überwiegend Holztische

Essen:
Große Auswahl auch an Brotzeiten; Spanferkelbrust, Frutti di Mare

Kinder:
Großer Spielplatz, gut einsehbar

Plus:
Gewachsener, schöner Biergarten

Minus:
Viele Plastikmöbel, oft Warteschlangen beim Essen

Fazit:
Traditions-Einkehr in altem Garten

50 Unser Tipp:

Für Fans und Väter
Der Taxisgarten liegt nur einen guten Kilometer vom Olympiagelände – was bietet sich also mehr an nach einer Veranstaltung dort?
Noch günstiger liegt der Biergarten zur entbindungsträchtigen Frauen-Klinik vom Roten Kreuz gleich über der Straße. Wie viele Generationen werdender Väter wohl schon Bammel und Baby im Taxisgarten begossen haben?

Fasanerie

Die Fasanerie gehörte einst zum Hof von Schloss Nymphenburg und lieferte durch Jahrhunderte das Wildbret für die kurfürstliche und später königlich-bayerische Jagd und Tafel. Die königliche Abkunft sieht man dem stattlichen Wirtshaus immer noch an.

Heute gibt's im Gasthaus illustre Feste und Gäste. Der Biergarten aber ist fürs normale Volk gedacht. Inzwischen hat die Fasanerie auch die letzten Plastikmöbel abgeschafft. Nur den Gästen der bedienten Terrasse schiebt man noch Plastik unter – zur Strafe müssen die dann auch unter Schirmen darben. Selber schuld.

Die Fasanerie ist ein Biergarten, wie er sein soll: Holztische, Krüge zum Selberholen, dazu ein naturtrübes Sommerbier und dann lässt sich's hier am Waldrand einfach gut münchnerisch sein!

Sonntags wird's ab 14 Uhr laut, dann spielen phonstarke Bands auf.

HB MÜNCHEN

80997 München-Moosach, Hartmannshofer Straße 20
Tel. 1 49 56 07, www.neue-fasanerie.de

Wann:
Täglich von 12 - ca. 22 Uhr,
je nach Wetter und Nachfrage

MVV:
Bus 143/162
Tram 17 Amalienburgstraße
oder Untermenzinger Straße

Rad:
Radweg Verdi-, Menzingerstraße
2,5 km Insel-Mühle (56)
3,5 km Hirschgarten (66)

Parken:
Zufahrt von Menzinger Straße
über Schragenhofstraße, links
durch Unterführung (Schild),
P auf dem Grünstreifen

Taxi:
Schragenhofstraße

Sitzplätze:
1300; z.T. Holzgarnituren

Essen:
Übliche Auswahl, Steckerlfisch,
Gyros, Tagesangebote, auch halbe
Spare Ribs

Kinder:
Kleiner Spielplatz, gut einsehbar;
kleine Spielwiese

Plus:
Ruhige und schattige Lage im Wald

Fazit:
Versteckter Waldbiergarten
mitten in München

52 Unser Tipp:

Botanischer Garten
Wenn Sie sich für mehr als nur Kastanien interessieren, wie wär's mit einem Besuch im Botanischen Garten? Wunderliche Blüten aus allen Kontinenten treiben hier. Wer sich ins tropische Gewächshaus verirrt, kriegt Sauna pur verabreicht und nimmt schnurstracks Reißaus in Richtung Fasanerie, die uns nach 10 Minuten Fußmarsch mit köstlich kühlem Schatten empfängt. Neben dem Botanischen Garten liegt Schloss Nymphenburg mit seinem großen Park (siehe unser Tipp 66).

Zum Grünen Baum

Ein schmuckes Wirtshaus mit einem angenehmen Biergarten an unvermuteter Stelle, kurz vor dem Rondell zur-Stuttgarter Autobahn. Sogar OB Christian Ude nebst Gattin sahen wir schon auf der Terrasse sitzen.

Eher für die Anwohner ist die Feierabend-Maß gedacht: Ein günstiger Spezialpreis für die Maß zwischen 15 Uhr und 17.30. Cooler ist die Ice-Maß: Bier im gefrosteten Glas für 10 Cent extra.

„Solang's nicht regnet, haben wir offen" sprach die Wirtin und wir hörten es gerne. Das Personal in den Salettln ist engagiert bei der Sach und wenn der Schankkellner die Glocke läutet, wissen die vielen Stammgäste: Jetzt wird ein frisches Fass Augustiner-Vollbier angezaft, nix wie hin zur Schänke!

Nur das Wirtshaus selber trennt den Garten von der lauten Verdistraße, das ist der einzige Wermutstropfen in dieser angenehmen Anlaufstelle.

Augustiner-Bräu München gegründet 1328

81247 München-Obermenzing, Verdistr. 47
Tel. 811 13 03

Wann:
Täglich 15 - 23 Uhr

MVV:
Direkt am S2-Bahnhof Obermenzing
Bus 162 Frauendorferstraße

Rad:
2 km Fasanerie (52)
2,5 km Inselmühle (56)
3 km Landsberger Hof (62)

Parken:
Kleiner P im Hof, sonst im Wohngebiet

Taxi:
Schirmerweg, Schragenhofstraße

Sitzplätze:
700; durchweg Holzgarnituren

Essen:
Preiswerte Gerichte, z.B. Leberkäs in der Backform mit Kartoffelsalat oder die halbe Portion Spare Ribs

Kinder:
Kleiner Spielplatz, gut einsehbar

Plus:
Günstiges Essen

Minus:
Straßenlärm

Fazit:
Stressfreier, sehr angenehmer Rastplatz

54 Unser Tipp:

Wetten dass...
... 98 von 100 Münchnern den Grünen Baum noch nicht kennen? Natürlich, am Chinaturm war schon jeder mal, aber wie viele versteckte Gartenschönheiten gibt es in München, nur den Nachbarn bekannt? Dazu fällt uns neben dem Grünen Baum der *Concordia-Park* (48) ein, der *Alte Wirt* (90) in Ramersdorf, die *Aubinger Einkehr* (60) und, und, und ...

Insel-Mühle

Eines der schönsten Fleckerln Biergartenerde, von der Würm umspült und von einem prächtigen Blätterdach gekrönt. Am Eingang empfängt uns das große Mühlrad, auf dem die Kinder herumturnen. Wer dann einen Tisch direkt am Ufer ergattert, mag gar nimmer aufstehen.

Ringsum kühlt fließend Wasser das Auge und zur Freude von Kindern und Enten ragt auch eine kleine Bucht in den Biergarten hinein.

Wochentags kommt die Happy Hour samt „Biergartensensation“ (siehe Tipp) gerade recht.

Neulinge fahren an der Insel-Mühle leicht vorbei, so versteckt liegt sie im Winkel hinter den hohen Bäumen. Aufgepasst: Im September zapft der Wirt oft schon gegen 21 Uhr ab.

LÖWENBRÄU

80999 München-Untermenzing, Von-Kahr-Straße 87
Tel. 81 01 - 1 10, www.weber-gastronomie.de

Wann:
Täglich 11 - 23 Uhr
Ausschankende ca. 22 Uhr

MVV:
S 2 Allach, Bus 160/164/165
Friedhof Untermenzing

Rad:
Radwege von Pasing entlang der Würm, von Neuhausen an Allacher/Von-Kahr-Straße;
2,5 km Fasanerie (52)
3,5 km Landsberger Hof (62)

Parken:
P gegenüber Friedhof und leider auf einer Wiese

Taxi:
Bahnhof Allach

Sitzplätze:
800; meist Holztische

Essen:
Übliche Auswahl, stolze Preise;
Happy Hour s. Tipp

Kinder:
Schöner Spielplatz, gut einsehbar;
fünf Geldgeräte

Plus:
Lage an der Würm, sehr schattig

Minus:
Nicht immer offen;
Riesenschirme; viele Geldgeräte für Kinder; einige Plastiktische

Fazit:
Traumplatz am Wasser

56 Unser Tipp:

Happy Hour

Auf die Stunden des Biergartenglücks setzt die Insel-Mühle noch einen drauf: Die Happy Hour wochentags bis 17 Uhr bietet die „Biergartensensation“ – eine Maß und eine ganze Schweinshaxn zum Sonderpreis. Eine löbliche Sitte, die der Wirt auch in Zukunft beibehalten will. Stellt sich die Frage: Warum gelten diese Preise nicht immer?

Schlosswirtschaft Gut Freiham

Einen alten, schattigen Schlossgarten, nicht zu groß, bietet das Hofgut Freiham. Inmitten von Feldern lag dieses ländliche Idyll innerhalb der Stadtgrenzen bis vor kurzem. Aber inzwischen ging's los – das große Neubauvorhaben der Stadt München. Ein ganzer neuer Ortsteil entsteht und der Biergarten mittendrin, unweit des neuen Autobahnkreuzes. Schad drum!

Einstweilen aber werkelt das Hofgut Freiham wie eh und je vor sich hin. Die Beschäftigten des Hofguts haben nach Feierabend schon die Plätze am Stammtisch eingenommen und wir genießen die manchmal noch wundervoll ruhige und beschauliche Land-Atmosphäre unter uralten Kastanien. Die tranige Bedienung von einst ist nun einem gut geführten Biergartenbetrieb gewichen. Zwei extra lange, feste Holztische für je 25 Leute locken nicht nur Bauarbeiter, sondern auch Geburtstagspartys.

LÖWENBRÄU

81249 München, Freihamer Allee
Tel. 8 71 18 17, www.schlosswirtschaft-freiham.de

Wann:
Selbstbedienung 10 - 22 Uhr,
Küche ab 12 Uhr

MVV:
S 5 Harthaus

Rad:
2 km Aubinger Einkehr (60)

Parken:
P im Hof

Taxi:
Germering oder Limesstraße

Sitzplätze:
500; durchweg Holztische

Essen:
Normale Auswahl

Kinder:
Spielplatz vorhanden,
gut einsehbar

Plus:
Schattig, alte Bäume,
Bauernhofatmosphäre

Fazit:
Klassischer Landbiergarten
zum Hockenbleiben!

58 Unser Tipp:

Königs schaun
Gut versteckt im Park hinterm Biergarten liegt das Schloss derer von Maffei. In die Privatkapelle des Schlossguts kommen an hohen Feiertagen schon mal der Prinz von Bayern und manch anderer hohe Gast, der schon von Haus aus im Blute blau ist. Nach dem Gottesdienst mischen sich die Herrschaften gern mal im Biergarten unters Volk, das darf in Bayern schon sein. Prost beinand!

Zur Aubinger Einkehr

Nicht leicht zu finden ist die Aubinger Einkehr, nicht nur weil sie eigentlich in Neuaubing liegt, noch mehr, weil sich der Biergarten hinter Mauern und Hecken versteckt. Das stört jedoch die Gäste aus Neuaubing nicht, von weiter her kommen eh nicht viele. Ein Nachbarschaftsbiergarten der alten Sorte also, in den man nach der Arbeit geht und hockenbleibt bis zum Abwinken.

Museal sind die drei Reihen grüner Plastiktische. Es gibt keine Abfalleimer für Brotzeitreste - aus Umweltgründen, sagt er, der Wirt.

Besondere Biergartenpretiosen braucht man hier nicht erwarten, aber ein ruhiger und angenehmer Abend läßt sich in der Einkehr jederzeit verbringen.

LÖWENBRÄU

81249 München-Neuaubing, Gößweinsteinplatz 7
Tel. 87 55 81, www.aubinger-einkehr.de

Wann:
Täglich 11 - 22 Uhr
(Schankschluss)

MVV:
S 5 Neuaubing, Bus 267
Hohensteinstraße

Rad:
2 km Schlosswirtschaft
Freiham (58)
3 km Landsberger Hof (62)

Parken:
Vor dem Haus und im
Wohngebiet

Taxi:
Limesstraße

Sitzplätze:
1000; großteils Holzgarnituren

Essen:
Normales Angebot; diverse
kleine warme Beilagen

Kinder:
Spielplatz, gut einsehbar

Plus:
Ruhig; halb Sonne, halb
Schatten; bodenständig;
günstiges Bier

Fazit:
Nachbarschafts-Einkehr
alter Schule

60 Unser Tipp:

Allee-Wanderung
Vom S-Bahnhof Gräfelfing rechts am Rathaus vorbei die Freihamer Straße hinauf. Durch die Villengegend kommen wir in den Wald, überqueren die Autobahn und befinden uns nun auf der Allee nach Freiham, vorbei an der *Schlosswirtschaft* (58).
Vorne an der Hauptstraße rechts halten und nach dem Ortsschild München die dritte Straße links ab zum Biergarten (4,5 km von Gräfelfing).

Landsberger Hof

Eingekeilt zwischen Pasings großspurigen Straßen, verpassen allzu Eilige leicht diese versteckte Oase in der Betonwüste. Drum gartelt hier auch ein Pasinger Stammpublikum, jeglichem Snob-Appeal abhold.

Als kleine Entschädigung für den Verkehr ringsrum wildern Blumen aus alten Fässern und Bottichen. Beschattet werden wir hier auch von Obstbäumen, einer echten Rarität in Münchner Biergärten. Überhaupt ist alles gut in Schuss; abends serviert Ihnen das Biergarten-Team sogar Kerzen an den Tisch. Zu späterer Stunde gastieren hier viele junge Leute, die morgen wohl die erste Schulstunde schwänzen.

Im Landsberger Hof gibt's einige sehr lange Tische, gerade recht für zwanzig, dreißig Leute. Also warum nicht mal eine größere Geburtstagsfeier steigen lassen? Das Helle und Dunkle aus dem Holzfass, dazu die gut nachbarlichen Preise an der langen Essenstheke laden ein.

81241 München-Pasing
Bodenseestraße 32, Ecke Lortzingstraße
Tel. 88 18 05, www.landsbergerhof.de

Wann:
Täglich 10 - 23 Uhr

MVV:
S 3-6/8 Pasing, Tram 19 Pasing Marienplatz, Bus 143/160 Scapinellistraße

Rad:
Radwege Landsberger- und Lortzingstraße oder entlang der Würm
2 km Prinzregent Garten (64)
3,5 km Insel-Mühle (56)

Parken:
Knapp, meist im Wohngebiet

Taxi:
Pasinger Marienplatz

Sitzplätze:
900; meist fest installierte Holztische

Essen:
Reichliche Auswahl zu zivilen Preisen; „außer der Reih gibt's ..." z.B. Reherl mit Knödel

Kinder:
Schöner Spielplatz, gut einsehbar

Plus:
Günstiges Bier, sehr lange Tische, abends Kerzen

Minus:
Laute Straßen

Fazit:
Schöner Nachbarschafts-Biergarten ohne Allüren

62 Unser Tipp:

Zur Blutenburg
Vom Landsberger Hof ein paar Meter Richtung Pasinger Marienplatz kreuzen die zwei Arme der Würm. An der entlang geht's auf schattigem Spazierweg in 30 Minuten zur Blutenburg mit ihren vier Türmen. Berühmt ist die Schlosskapelle aus dem 15. Jahrhundert. Die Blutenburger Konzerte finden freilich meist woanders statt (s. *Rosengarten,* 72). Der Bus bringt Sie anschließend zurück zum Pasinger Bahnhof.

Prinzregent Garten

Hochherrschaftlich der Name, das Bier, das Eingangstor und trotzdem ein gemütlicher Biergarten mit gemütlichen Preisen.

Im nahen Westbad abgebräunt wie Leberkäs, sucht mancher Sonnengeschädigte die überaus schattigen Tische auf, denn Sonne blinzelt eher selten durchs dichte Kastaniendach. Wenn das Westbad voll ist, dann ist hier schwer ein Parkplatz zu finden, abends wird es aber meist besser. Der Radweg führt direkt vor dem Biergarten vorbei.

An den festgefügten Tischen des Prinzregentgartens lässt sich ein ruhiger und angenehmer Abend verbringen.

81241 München-Pasing
Benediktерstraße 35, Ecke Weinbergerstraße
Tel. 8 20 27 60, www.prinzregentgarten.de/biergarten.htm

Wann:
Täglich 10 - 23 Uhr

MVV:
Tram 19 Westbad,
Bus 57 Westbad

Rad:
2 km Landsberger Hof (62)
3 km Lochhamer Einkehr (114)

Parken:
Auf der Straße, evtl. am
Westbad-Parkplatz

Taxi:
Pasinger Marienplatz,
Willibaldplatz

Sitzplätze:
600; meist fest installierte
Holztische

Essen:
Übliche Auswahl zu relativ
günstigen Preisen

Kinder:
Kleiner Spielplatz,
gut einsehbar

Plus:
Sehr schattige Kastanien

Minus:
Direkt an der Straße

Fazit:
Ideal für Hochsommer-Tage

64 Unser Tipp:

Bad und Bier
Gerade an den heißesten Sommertagen bieten erst das nahe *Westbad* (fünf Minuten zu Fuß) und dann der überaus schattige Biergarten die optimale Kühlung von außen und innen. Natürlich geht's auch umgekehrt. Bier plus Hitze kann bekanntlich müde machen und da bieten sich die Liegewiesen im generalüberholten *Westbad* an.

Hirschgarten

Man muss es mal erlebt haben, in einer lauen Sommernacht, von der Parkseite her näherkommend, wenn erst ein fernes Summen in der Luft liegt, das langsam lauter wird, schließlich zum Brausen der Stimmen und Geklingel der Krüge anwächst und dann, ja dann steht man mittendrin in der Brandung mit Schaumkronen, im Meer der 7000 Bier- und Redseligen, im Epizentrum des bajuwarischen Lebensgefühls.

Noch etwas, was man erlebt haben muss: den Schankkellner. „Maßkriagl selber hoin!" wird bayerisch-freundlich jeder angeherrscht, der die Stirn hat, unbewaffnet vor dem Herrn zu erscheinen. Dann aber gibt's ein zünftiges Augustiner aus dem 200-Liter-Holzfaß. Prost Herr Nachbar, Leben satt!

Machen Sie bloß nicht den Fehler, sich hier ohne Treffpunkt zu verabreden, Sie finden sich nie, niemals nicht, da verdurschten Sie eher, so groß ist er, der Hirschgarten, der größte Biergarten Bayerns (vielleicht auch der ganzen Welt, aber das ist uns wurscht).

J. W.
Augustiner
Bräu München
gegründet 1328

80639 München-Neuhausen, Hirschgarten 1
Tel. 17 25 91, www.hirschgarten.de

Wann:
Täglich 11.30 - 23.30 Uhr;
schon früh im Jahr offen

MVV:
S 1-6/8 Laim, dann zu Fuß
über Wotan- und De la Paz-Straße,
Bus 51/132/151
Tram 16/17 Steubenplatz

Rad:
Radwege Arnulfstraße,
Fürstenrieder-, Wotanstraße;
2,5 km Taxisgarten (50)
3 km Augustiner-Keller (24)

Parken:
P, aber vorsicht, oft voll!

Taxi:
Hirschgarten, Romanplatz

Sitzplätze:
7000; durchweg Holztische

Essen:
Große Auswahl von Almkäs
bis Zuckerwatte

Kinder:
Kettenkarussell, Wildgehege,
Wiesen, Spielzeugstand,
im Juli Magdalenenfest

Plus:
Schiere Größe, gute Stimmung,
Krüge selber holen

Minus:
Antialkoholika teuer

Fazit:
Trotz Rekordgröße ein
Ur-Münchner Klassiker

66 Unser Tipp:

Nymphenburger Park
Die Sommerresidenz bayerischer Potentaten bietet einen herrlichen Park mit eingelagerten Juwelen: Allen voran die Amalienburg, dazu Badenburg und Magdalenenkapelle, dazwischen Seen und Katarakte, Liegewiesen und verwunschene Ecken. Auf das Hauptschloss kann man dabei getrost verzichten, das heben wir uns für den Winter auf. Vom Marstallmuseum mit seinen Kutschen geht es dann über die Hirschgartenallee zum Biergarten.

Hopfengarten

Wie sein Westpark-Bruder, der *Rosengarten* (72), wurde der Hopfengarten zur Gartenbau-Ausstellung 1983 geschaffen. Im Grunde passt alles, die Holztische, die Kastanien samt Maibaum, die Brotzeitstandl, auch gibt's Parkplätze in Mengen.

Trotzdem: das besondere Biergarten-Flair können wir dem Hopfengarten nur zum Teil abgewinnen, zu angestrengt haben die Gartenbau-Strategen das Unplanbare geplant, zu nah auch klotzt die olympische Raumstation Rudi-Sedlmayr-Halle. Sieht man darüber hinweg, läßt sich hier vor einer Veranstaltung in der Halle oder nach einer Tour im Westpark (s.Tipp) angenehm Rast machen.

LÖWENBRÄU

81373 München-Westpark, Siegenburger Straße 43
Tel. 7 60 88 46, www.hopfengarten-bier.de

Wann:
Täglich 11 - 22/23 Uhr

MVV:
Bus 133 Siegenburger Straße

Rad:
Radwege im Westpark und Garmischer Straße;
1,2 km Rosengarten (72)
1,5 km Spektakel (70)

Parken:
großer P an der Rudi-Sedlmayr-Halle, Zufahrt Siegenburger Straße

Taxi:
Eichstätterstraße

Sitzplätze:
1900; meist Holzgarnituren

Essen:
Gute Auswahl;
empfehlenswert sind Schweinshaxn und Obatzda

Kinder:
Spielplatz, viel Auslauf

Plus:
Sommerstockbahn,
auch für Skater geeignet

Minus:
Kleine Bäume

Fazit:
Moderner Biergarten mit Parkanschluss

68 Unser Tipp:

Durch den Westpark
Ost- und Westteil des Parks sind per Brücke über den Mittleren Ring verbunden. Wiesen, Hügel, Wäldchen, zwei Seen und die Überbleibsel der IGA wie die japanische Pagode machen den Westpark zum lohnenden Ausflugsziel, die zwei Biergärten prägen ihn gut münchnerisch.

Spektakel

Ein gemütlicher Kiez-Biergarten reinsten Wassers, für Auswärtige schwer zu finden, bei Anwohnern aber populär - das ist das Spektakel, das Szenegänger von früher noch als Tannengarten kennen. Zum Donnerwetter hätte es auch heißen können, des namengebenden Spektakels wegen: Einer viertelstündigen Gewittershow im Wirtshausinneren (siehe Tipp).

Das magere Spielangebot für Kinder wird bald behoben, sagt er, der Geschäftsführer. Und auch, sagt er, dass es die vielen Schirme schon braucht - zum Schutz vor den herabfallenden Kastanien. Wir haben verstanden.

Insgesamt ist das Spektakel ein anständiger und ruhiger Biergarten nahe der alten Sendlinger Kirche - weit und breit der Einzige seiner Art.

81373 München-Sendling, Pfeuferstraße 32,
Tel. 76 75 83 59, www.spektakel-muenchen.de

Wann:
SB Mo - Fr 17 - 23 Uhr
Wochenende 15 - 23 Uhr

MVV:
U 6, S7 Harras
Bus 53 Sendlinger Kirche

Rad:
Radwege Lindwurmstraße und Richtung Westend
1,5 km Hopfengarten (68)

Parken:
Im Wohngebiet; abends kein Parkverbot

Taxi:
Harras

Sitzplätze:
600; durchweg Holzgarnituren

Essen:
Übliche Auswahl ohne Besonderheiten

Kinder:
Kleiner Spielplatz, gut einsehbar

Plus:
Gelassene Atmosphäre inmitten der Stadt

Minus:
Viele Schirme

Fazit:
Günstiger und gemütlicher Kiezbiergarten

70 Unser Tipp:

Blitzspektakel
Zweimal am Abend erfüllt das Spektakel seinen Namen mit Leben: Jeweils um 19.30 und um 21.30 Uhr setzt es die Gewitter-Show, aber nur drinnen im urigen, almrauschmäßig herausgeputztenLokal. Donner, Blitz und Doria - möge es draußen trocken bleiben, weil dann geht no oane!

Rosengarten

Dornenstengel mit den seltsamsten Namen umgürten diesen Biergarten, der zur Internationalen Gartenbau-Ausstellung 1983 eingerichtet wurde. Das sieht man ihm auch an, a bisserl fehlt die Tradition. Landschaftsarchitektur eben statt behutsames Wachstum über Jahrzehnte. Aber ein schöner, schattiger Biergarten ist dennoch draus geworden. Den ganzen modischen Schnickschnack macht der Rosengarten nicht mit: kein Plastik gibt es da, kein Schirmwald verstellt den Blick auf Laub und weiß-blauen Himmel.

Von der Anhöhe des Biergartens überschauen wir den IGA-Park samt See. Am Wochenende wird dort unten auf den Wiesen kräftig gesportelt. Im Biergarten selbst parlieren Münchner verschiedenster Muttersprache. Und wenn abends auf der Leinwand der nahen Seebühne Sommerkino geboten wird, liegt der Rosengarten zur Einstimmung gerade recht!

Im Hochsommer hat der Biergarten manchmal bis 1 Uhr nachts auf.

81377 München-Westpark, Westendstraße 305
Tel. 57 50 53, www.am-rosengarten.de

Wann:
Täglich 10/11 - 23/24 Uhr, an heißen Tagen auch länger

MVV:
Bus 51/151 Andreas-Vöst-Straße, Tram 18 Stegener Weg

Rad:
Radwege durch Westpark, an Fürstenrieder- und Westendstraße;
1,2 km Hopfengarten (68)
3,5 km Hirschgarten (66)

Parken:
großer P an der Westendstraße

Taxi:
Waldfriedhof, Eichstätter Straße

Sitzplätze:
1800; durchweg Holzgarnituren

Essen:
Normale Auswahl; Spezialität: Steckerlfisch vom Holzkohlengrill

Kinder:
Großer Abenteuer-Spielplatz nahebei, nicht einsehbar; kleiner Spielplatz am Biergarten

Plus:
Schöner Blick über den Park

Fazit:
Echtes Münchner Gwachs in feiner Botanik

72 Unser Tipp:

Seebühne im Westpark
Vom Biergarten blickt man hinab auf den kleinen See im Westpark.
Am Ufer eine japanische Pagode und die Seebühne, die im Juni und Juli für die sogenannten Blutenburger Konzerte genutzt wird.
Die Bayerische Staatsoper gastiert dort, *Blechschaden* oder das Shakespeare-Ensemble. Ein Sommernachtstraum samt Biergarten!
Infos und Karten bei den Vorverkaufsstellen.

Erdinger Weißbiergarten

Keine Bange, hier wird keineswegs nur Weißbier ausgeschenkt. Ein wunderbar schattiges Kastaniendach empfängt uns. Das gehobenere Publikum aus Großhadern hat bereits die Plätze eingenommen, sicher sind auch einige Doktoren vom nahen Klinikum Großhadern darunter. Die Maß Weißbier im Keferloher freut uns.

Reichlich Platz zwischen den Tischen lässt Enge und Gedränge gar nicht erst aufkommen. Besonders schön ist's hier am frühen Abend, wenn die tiefstehende Sonne unters Blätterdach hineinscheint.

81377 München-Großhadern, Heiglhofstraße 13
Tel. 7 19 43 00

Wann:
Täglich 17 - 23 Uhr
Wochenende ab 16 Uhr

MVV:
U 6 , Bus 266, 269
Klinikum Großhadern

Rad:
1 km Waldheim (76)
2 km Einkehr zur Schwaige (78)

Parken:
Auf der Straße und hinterm Biergarten

Taxi:
Klinikum Großhadern

Sitzplätze:
250; durchweg Holz

Essen:
Gute Auswahl, aber Selbstbedienung erst ab 17 Uhr

Kinder:
Spielplatz, gut einsehbar

Plus:
Sehr schattig

Minus:
Nicht immer offen

Fazit:
Schattige Einkehr am Stadtrand

74 Unser Tipp:

Billard-Eldorado
Auf queuet's: Nachdem man im Biergarten das nötige Zielwasser getankt hat, bietet sich gleich nebenan im Billardsalon *Eldorado*, Heiglhofstr. 3a, das Spiel auf die Kugeln an, mit 7,- pro Stunde sind Sie dabei. Electronic Dart steht ebenfalls zur Verfügung. Geöffnet 14 bis 1 Uhr.

Waldheim

Der Traditions-Biergarten und das gründlich renovierte Gasthaus stehen unter der Leitung der Wirtsleut vom *Forsthaus Kasten* (124) und das merkt man auch: Diverse Veranstaltungen wie die Venezianische Nacht sollen südliches Flair nach Großhadern bringen. Näheres erfahren Sie im *Wildschwein Echo*, der Hauszeitung mit den Veranstaltungsterminen und dem Szene-Blatt der Großhaderner Fungemeinde.

„Das Erlebnis der Sinne" lautet das offizielle Motto des Waldheims. Davon abgesehen ist das Waldheim ein ruhiger, angenehmer Biergarten, ganz ohne Schicki-Micki-Gehabe und ohne Plastikmöbel, einfach gradaus halt!

81377 München-Großhadern, Waldheim 1
Tel. 71 60 65, www.waldheim.de

Wann:
Täglich 10.30 - 22.30 Uhr

MVV:
U6, Bus 266, 269
Klinikum Großhadern,

Rad:
Radwege rund um den Waldfriedhof;
1 km Erdinger Weißbiergarten (74)
1 km Schwaige (78)
6 km Forst Kasten (124)

Parken:
Zufahrt über Tischlerstraße,
P am Haus

Taxi:
Klinikum Großhadern

Sitzplätze:
2400; durchweg Holzgarnituren

Essen:
Große Auswahl von klassisch über exotisch bis öko-vegetarisch

Kinder:
Kletterwand, einsehbar

Plus:
Ruhige Lage am Waldrand

Fazit:
Angenehme, ruhige Einkehr

76 Unser Tipp:

Virtueller Biergartenabend
Auch bei Schnürlregen können Sie in den Biergarten: via Internet unter www.waldheim.de. Das Waldheim war einer der ersten Biergärten, die das Medium mit einer eigenen Homepage bereicherten. Tipps und Infos gibt es seitdem nicht nur im *Wildschwein-Echo*, sondern ganz aktuell online. Nur die Antwort auf die Frage aller Fragen wird auch dort nicht zu finden sein: Ob das Wetter heute abend hält?

Einkehr zur Schwaige

Ein Nachbarschaftsbiergarten der moderneren Sorte. Alteingewachsen sind die Bäume der Schwaige noch lange nicht, aber mittlerweile bieten sie doch schon einigen Schatten.

Nebenan, im Schloss Fürstenried, wurde *Otto*, der Bruder von König *Ludwig II.*, auf Jahrzehnte festgesetzt, der geistigen Umnachtung wegen - ein Märchenkönig war schließlich genug.

Ein großer Vorteil der Schwaige: Sie bietet einen extralangen Tisch für Feste aller Art (siehe Tipp). Wegen Wirtewechsel konnten wir die Schwaige nicht abschließend beurteilen.

SPATEN MÜNCHEN

81475 München-Fürstenried
Forst-Kasten-Allee 114, Ecke Tischlerstraße
Tel. 7 59 19 68

Wann:
Wochentags 14 - 22 Uhr,
Wochenende 10 - 22 Uhr

MVV:
U 3 Fürstenried West;
Bus 166 Tischlerstraße

Rad:
Radwege um den Waldfriedhof und an der Autobahn Garmisch;
1 km Waldheim (76)
1,2 km Maxhof (80)

Parken:
Eigener P am Biergarten

Taxi:
Fürstenried West

Sitzplätze:
700; meist Holztische

Essen:
Wegen Wirtewechsel nicht beurteilbar

Kinder:
Spielwiese am Biergarten, keine Geräte; Spielplätze 100 m Richtung Schloss, nicht einsehbar

Plus:
Extra langer Tisch für Feste

Minus:
Kein einsehbarer Spielplatz vorhanden

Fazit:
Moderner Biergarten in ruhiger Umgebung

78 Unser Tipp:

Riesenstamm-Tisch
Ideal für die große Gartengesellschaft: Der märchenhafte Tisch, der längste, den wir in einem Biergarten gesehen haben, geschnitten aus einem einzigen Riesenstamm. An die 50 Leute finden hier Platz (wenn's nicht grad alle bajuwarisch gstandne Mannsbilder sind). Fehlt bloß noch das nötige Irxenschmalz, aber das werden die Brotzeiten in Holzhackerdimension schon richten.

Maxhof

Unweit des Forstenrieder Parks, inmitten eines behäbigen Wohngebiets, liegt ganz unvermutet dieser gemütliche Biergarten. Ruhig ist's hier unter den wuchtigen Kastanien, kein Schnickschnack ist nötig, um sich rundum wohl zu fühlen.

Bier- und Brotzeitstandl haben unter der Woche mittags noch zu, dann muss man sich an den bedienten Tischen niederlassen oder sich das Bier im Lokal holen. Ein kleiner Biergarten eben, nicht großgastronomisch durchrationalisiert, das macht ihn auch so angenehm. Ideal zum Entspannen nach einem arbeitsreichen Tag.

SPATEN
MÜNCHEN

81475 München-Maxhof, Mühlthalerstraße 91
Tel. 75 96 88 70, www.gasthaus-maxhof.de

Wann:
Täglich 11 - 23 Uhr

MVV:
U 3 Fürstenried West,
Bus 56/134/166/260/261/267/936
Fürstenried West

Rad:
Radwege entlang der Autobahn Garmisch, Graubündner- und Neuriederstraße;
1,2 km Schwaige (78)

Parken:
Im Wohngebiet; Tiefgarage

Taxi:
Fürstenried West

Sitzplätze:
450; meist fest installierte Holztische

Essen:
Normale Auswahl, reichliche Portionen; gute Haxn; Spare Ribs mit hausgemachter Sauce

Kinder:
Spielplatz und Wiese gut einsehbar

Plus:
Alte Bäume, ruhige Atmosphäre, preiswertes Essen

Fazit:
Kleine, stressfreie Einkehr

80 Unser Tipp:

Radeln im Forstenrieder Park
Nach der Stärkung im Maxhof liegt vor uns der Forstenrieder Park mit einer Fülle von Rad- und Fußwegen im Wald und Biergärten rundherum. Der nächste liegt sogar mitten drin: *Forst Kasten* (124). Weiter ist es nach *Leutstetten* (128) oder unter der Autobahn hindurch nach *Buchenhain* (130). Fahren Sie die Maxhofstraße bis zum Waldrand. Dort am Forsthaus zeigt Ihnen die Übersichtstafel den Weg.

Hinterbrühl

Hier ist das Reich des ehemaligen Königs der Löwen, Heinz Wildmoser. Er gebietet über einen vorbildlichen Biergarten, durchweg mit Holztischen unter alten Kastanien und zivilen Essenspreisen.

Die Häuser im Wildmoser-Imperium erinnern an das Oberbayern zu Ludwig Thomas Zeiten. Nachmittags johlen die Floßfahrer vorüber, das Ziel ihrer Fahrt schon fast vor Augen.

Wer sich in Hinterbrühl gehörig gestärkt hat bei einer Maß Hacker-Pschorr, der kann den steilen Weg hinauf zur *Waldwirtschaft* (132) antreten, direkt vor dem Eingang geht's los. Oder man macht den umgekehrten Weg, bergab geht's eh leichter, und beendet den Biergartenabend mit einem Schlummertrunk in Hinterbrühl.

81479 München-Thalkirchen, Hinterbrühl 2
Tel. 79 44 94, www.gasth-hinterbruehl.de

Wann:
Täglich 10 - 23 Uhr

MVV:
U3 Thalkirchen, dann Bus 134/170 Thalkirchen (Campingplatz)

Rad:
Radweg von der Isar über die Marienklausenbrücke;
3 km Flaucher (88)
3 km Waldwirtschaft (132)

Parken:
Hinterbrühler Weg und auf der Straße davor

Taxi:
Sollner Straße

Sitzplätze:
1000; durchweg Holztische

Essen:
Große Auswahl samt Kuchentheke

Kinder:
Spielplatz, etwas abseits, von einigen Tischen gut einsehbar

Plus:
Ruhige Lage im Grünen, schöner Blick

Minus:
Terrassencharakter

Fazit:
Bestlage für Wanderer und Isarflößer

82 Unser Tipp:

Ab ins Eiswasser
Auf dem Isarkanal, direkt vor dem Biergarten, setzen die Floßfahrer von Wolfratshausen zum Endspurt an: Ein paar Meter noch und die feuchtfröhliche Fahrt ist zu Ende. Die Flöße werden zerlegt, die Stämme verladen. Noch ein paar Meter weiter zieht der Kanal durchs Sommerbad *Maria Einsiedel*: Ein Urvergnügen, erst ins Eiswasser des Kanals und anschließend ins bacherlwarme Schwimmbecken zu hupfen!

Gutshof Menterschwaige

Einer der schönsten Fuß- und Radlwege Münchens führt hoch über der Isar entlang der Hochleite zum alten Grünwalder Stadion. Plötzlich tut sich unterm Blätterdach ein weiter Platz auf - das Urbild eines Ausflugsbiergartens. Und weil der Durscht nach dem Radln wie immer groß ist, und weil die schattigen Holztische gar so locken, schluckt man auch die Preise auf Hochuferniveau. Offenbar kein Problem für die geldigen Anwohner ... Die Wirtschaft besteht schon seit 1803. Wer hier einkehrt, kann verstehen, warum König Ludwig I. seine fesche Lola Montez gerade hier einquartierte und zum Schäferstündchen aufsuchte. Ein Prachtplatzerl eben!

LÖWENBRÄU

81545 München-Harlaching, Menterschwaigstraße 4
Tel. 64 07 32, www.menterschwaige.de

Wann:
Täglich 11 - 22 Uhr

MVV:
Tram 15/25 Menterschwaige;
Bus 391 Großhesseloher Brücke

Rad:
Radweg vom Grünwalder
Stadion am Isar-Hochufer;
4 km Flaucher (88)
2,5 km Siebenbrunn (86)
2 km Waldwirtschaft (132)
über Großhesseloher Brücke

Parken:
Kleiner P, sonst in Wohnstraßen

Taxi:
Geiselgasteigstraße, Authariplatz

Sitzplätze:
1850; durchweg Holz

Essen:
Gute Auswahl: Salate; Bratwürste vom Buchenholzgrill; Steckerlfisch vom Holzkohlengrill

Kinder:
Spielplatz, gut einsehbar

Plus:
Sehr schattig, schöne Lage über der Isar

Minus:
Antialkoholisches nur in Plastikbechern

Fazit:
Echter Klassiker hoch über der Isar

84 Unser Tipp:

Bavaria-Filmstadt
Steigen Sie ein, und schnaufen Sie mit dem Bähnlein 90 Minuten übers Bavaria-Filmgelände. Unterwegs gibt's jede Menge Original-Filmrequisiten:
Kriechen Sie durch das U-Boot aus dem Film *Das Boot*, wagen Sie einen Ritt auf dem Drachen Fuchur, oder besuchen Sie Asterix und Obelix im Gallischen Dorf.

Tram 25 (vom Halt Menterschwaige drei Stationen) bis Bavaria-Filmplatz. Geöffnet täglich 9 - 16 Uhr.

Siebenbrunn

Ein sauberer Biergarten in schöner Lage zwischen dem Tierpark Hellabrunn (Flamingo-Eingang) und dem Harlachinger Isarhochufer: Vom Isarradweg nimmt man die Ausfahrt Hellabrunn an der Thalkirchner Brücke und kommt am Zoo-Eingang vorbei, halbrechts haltend, zum Biergarten. Abends, wenn die Zoo-Besucher heimgehen, gibt es hier unbeschränkt viel Parkplatz.

Siebenbrunn nennt sich „der Livemusik-Biergarten". Eine Bühne gibt es da und einen Tanzboden, der tatsächlich auch betanzt wird. Im Sommer, wenn der Tierpark schließt, so zwischen 17 und 18 Uhr, legt die Musik los bis um 22 Uhr; diverse Bands lassen hoffentlich keine Langeweile aufkommen.

81543 München-Thalkirchen, Siebenbrunnerstraße 5
Tel. 65 08 48, www.siebenbrunn-muenchen.de

Wann:
Täglich 11 - 24 Uhr,
manchmal auch länger

MVV:
U 3 Thalkirchen,
Bus 52 Tierpark/Alemannenstraße

Rad:
2 km Flaucher (88)
2,5 km Hinterbrühl (82)
2,5 km Menterschwaige (84)

Parken:
großer P vorhanden,
ab 18 Uhr unbegrenzt

Taxi:
Tierpark

Sitzplätze:
800; durchweg Holzgarnituren

Essen:
Große Auswahl auch an warmen Gerichten, z.B. Reiberdatschi oder Lachsforelle und Scampispieß

Kinder:
Spielplatz, gut einsehbar

Plus:
Tagsüber angenehm ruhige Atmosphäre

Fazit:
Ausflugs-Biergarten in schöner Lage

86 Unser Tipp:

Der Hellabrunner Zoo
Die Haxn mal als Teil des ganzen Schweins anschauen, das und noch viel mehr geht im Hellabrunner Tierpark. Nashörner, Elefanten, Eisbären, Leoparden – ein Paradies für die Vorstadtsafari. Die Kinder freuen sich auch über den Streichelzoo, das Haflinger-Reiten und die kleine Bimmelbahn.
Öffnungszeiten:
Von 25. März - September 8 - 18 Uhr und von Oktober - 24. März 9 - 17 Uhr;
Eintritt Erwachsene 9,-
Kinder von 4 - 14 Jahre 4,50
www.zoo-munich.de

Zum Flaucher

Der Flaucher, eine Insel in der Isar, bietet nicht nur Kiesbänke für Grillfeste und Nacktbader. Er birgt auch einen schönen Biergarten, seit Johann Flaucher 1873 die alte Jagdhütte der Wittelsbacher übernahm.

Warum der Wirt immer noch eine Schar unsäglicher grüner Plastiktische im Garten hat, verstehen wir nicht. Angenehm aber, dass die Holzbänke nicht so quälend eng Hintern an Hintern stehen wie im Augustiner- oder Hofbräukeller. Im Gartenteil hinterm Wirtshaus steht bei Großereignissen oft die Großleinwand.

Wie eh und je gibt es viel Platz für Kinder und gleich nebenan eine große Sportwiese, falls Sie sich den gehörigen Durscht noch erstrampeln wollen. Der kommt aber auch von alleine, etwa beim nicht unbeträchtlichen Anmarsch vom Parkplatz. Viel besser aber läßt sich der Flaucher mit einer Radltour entlang der Isar verbinden. Und im Winter bietet das Flaucherstüberl Einkehr gegen Wind und Wetter.

LÖWENBRÄU

81379 München-Thalkirchen, Isarauen 8
Tel. 7 23 26 77, www.zum-flaucher.de

Wann:
Täglich 11 - 23/24 Uhr,
z.T. schon früh im Jahr offen

MVV:
U3 Brudermühlstraße oder
Thalkirchen, Bus 54 Schäftlarnstraße

Rad:
Ideal an den Isar-Radwegen:
2 km Siebenbrunn (86)
3 km Hinterbrühl (82)
4 km Menterschwaige (84)
4 km Muffatwerk (28)
5 km Englischer Garten

Parken:
Meist ausreichend Platz an der
Hans-Preißinger-Straße

Taxi:
Brudermühlstraße, Thalkirchen,
fährt bis zum Biergarten

Sitzplätze:
2000; überwiegend Holztische

Essen:
Reichhaltige Auswahl, z.B.
Country-Kartoffeln mit Tsatziki

Kinder:
Schöner Spielplatz, gut einsehbar. Viel Platz zum Toben,
keine Autos

Plus:
Sehr ruhig, viel Platz,
bis spät geöffnet

Minus:
Nur noch wenige Tische
im Park, viele Schirme

Fazit:
Perfekt für einen ganzen,
langen Sommertag!

88 Unser Tipp:

Sportsachen mitnehmen!
Volley-, Völker-, Federballer, dazu Frisbee-Spieler, Freizeit-Kicker, hier auf der großen Sportwiese in Sichtweite der Maßkrug-Stemmer findet jeder etwas. Wetten, dass man Sie gerne mitmachen lässt?
Abkühlung für die Sportler bieten die nahegelegene Isar oder das Sommerbad *Maria Einsiedel*. Und zum Tierpark Hellabrunn ist's auch nur ein Katzensprung!

Alter Wirt Ramersdorf

Wenige Meter nur vom Ende der Salzburger Autobahn empfängt uns dieser überaus schattige Biergarten. Mal ehrlich, welcher Biergartenfan, wenn's denn kein Ramersdorfer ist, kennt den Alten Wirt?

Fast noch dörflich wirkt die Umgebung mit der Wallfahrtskirche (siehe Tipp) und dem stattlichen Wirtshaus, schon seit 300 Jahren als „Pierzäpflerei" in Ramersdorfer Diensten.

Am Brotzeitstand unter dem dichten Blätterdach bestellt man sein Fleisch - oder wie wär's mal mit Scampi? Das Essen wird dann erst auf dem Holzkohlengrill frisch zubereitet, die Abholung funktioniert auf Zuruf, man kennt sich ja. Die Preise für Spare Ribs und die Ente sind überaus günstig. Kinder bekommen das erste Getränk umsonst.

Ein ganz und gar angenehmer Biergarten, gerade recht als Ausklang nach einem Ausflug in die Berge.

LÖWENBRÄU

81669 München-Ramersdorf, Aribonenstraße 8
Tel. 6 89 18 62, www.alterwirt-muenchen.de

Wann:
Täglich 16 - 23 Uhr

MVV:
U 2/8 Karl-Preis-Platz,
Bus 55/144/155 Ramersdorf

Rad:
3 km Hofbräukeller (30)
2,5 km Michaeligarten (92)
3 km Paulaner Keller (28)

Parken:
Auf der Straße

Taxi:
Karl-Preis-Platz

Sitzplätze:
700; z.T. Holzgarnituren

Essen:
Frisch zubereitete Steaks; Scampi; Lachssteak; Salatbar

Kinder:
Spielplatz mit Rutsche und Schaukel, gut einsehbar

Plus:
Uriger und günstiger Nachbarschaftsbiergarten, erstes Kindergetränk gratis

Fazit:
Ziemlich unbekannte Dorf-Schönheit

90 Unser Tipp:

Wallfahrt in München
Es muß ja nicht immer Andechs sein, will man den Herrgott um den Erhalt von Hopfen und Malz bitten: Gleich neben dem Alten Wirt steht die Kirche *Maria Ramersdorf*, bis heute das Ziel von Marienwallfahrten. Die jetzige Kirche stammt aus dem 15. Jahrhundert, doch wurde der Vorgängerbau schon im Jahr 1006 erwähnt und ist damit neben Altötting das älteste Wallfahrtsziel Bayerns.

Michaeli-Garten

„Wo viel Licht, ist wenig Schatten“ schrieben wir in der ersten Auflage über den Michaeligarten. Inzwischen haben die Kastanien aber mächtig zugelegt und bilden jetzt stellenweise schon ein richtiges Dach. Ein rundum angenehmer Biergarten ist daraus geworden.

Sonniger ist es direkt am Ufer des Ostpark-Sees mit seinem leibhaftigen Geysir. Wer die Verbotsschilder übersieht, kann gleich baden gehen. Wer sie trotzdem sieht, muss ins nahe *Michaelibad* ausweichen.

Vor allem am Wochenende geht es hier geruhsam zu, niemand ist in Eile. Hier stören auch keine miesepetrigen Nachbarn die bayerische Biergartenruhe und so darf man hier an warmen Abenden lange hockenbleiben, auch wenn die Schänke schon zu hat.

Noch was: Manchmal findet man den Michaeligarten schon an warmen Februar-Wochenenden geöffnet.

LÖWENBRÄU

81735 München-Neuperlach, Feichtstraße 10 (im Ostpark)
Tel. 43 55 24 44, www.michaeligarten.de

Wann:
Täglich 10 - 23 Uhr, Schankschluss ca. 22 Uhr

MVV:
U 5/8 Michaelibad, Bus 195

Rad:
Viele Radwege von Haidausen/ Giesing über Heinrich-Wieland-Straße;
2,5 km Alter Wirt (90)
3,5 km Wirtshaus Zamdorfer (32)
5 km Leiberheim (96)

Parken:
P an der Feichtstraße, bei Badewetter oft voll

Taxi:
Michaelibad

Sitzplätze:
3500; meist Holztische

Essen:
Sehr große Auswahl von bayerisch bis international

Kinder:
Großer schöner Spielplatz, gut einsehbar

Plus:
Ruhige Lage am See, im Park

Fazit:
Großer Ausflugsbiergarten mit Wasseranschluss

92 Unser Tipp:

Sonne, Wasser, Biergarten
Am Wochenende sind Park und das städtische Michaelibad oft ebenso überfüllt wie die Parkplätze, drum empfehlen wir zum Wasser- oder Sonnenbad die frühen Abende unter der Woche, wenn Bad und Park deutlich weniger voll sind. Egal, ob man im Becken plantscht oder auf den Liegewiesen röstet, Durscht und Hunger stellen sich garantiert ein. Der Biergarten um die Ecke bietet für jeden Geschmack etwas!

Franziskaner-Garten

Ein Klassiker im Münchner Osten, groß und wunderbar schattig. Wirtshaus und Garten geben ein schmuckes Paar ab. Vergessen und vergeben die Zeiten, als der Franziskanergarten ein Dorado für Liebhaber grüner Plastiktische war.

Am Brotzeitstandl besonders zu empfehlen: Die „Klosterseufzer", eine scharfe Wurst, wie man sie sonst fast nirgends mehr bekommt. Ob die Gewürze aus dem eigenen Kräutergarten des Wirts kommen? Egal, die Klosterseufzer passen ideal zum Bier!

Und wie wär's mit Eisheiligen im Hochsommer? Jawohl, gleich minus 6 Grad kalt, aber nur der vorgefrostete Bierkrug aus der Kühlzelle, den es für extra heiße Tage auf Wunsch gibt und das gratis. Zuweilen steigen hier Live-Konzerte und ein Sommernachtsfest (siehe Tipp).

81827 München, Friedenspromenade 45
Tel. 4 30 09 96, www.franziskanergarten.de

Wann:
Täglich 10 - 23 Uhr

MVV:
S4/3/U2 Trudering
Bus 152/195 Vogesenstraße

Rad:
5 km Kreitmair (98)
3,5 km Michaeligarten (92)
4,5 km Leiberheim (96)

Parken:
Beschränkt, in den umliegenden Straßen

Taxi:
Quiddestraße

Sitzplätze:
2300; durchweg Holz

Essen:
Legendär große Auswahl zu eher kleinen Preisen; Steckerlfisch aus vier verschiedenen Fischarten; Ochs am Spieß auf Vorbestellung für Gruppen; Crepes

Kinder:
Spielplatz mit Hüpfburg, gut einsehbar

Plus:
Schöner, großer Garten

Fazit:
Ein Klassiker, der zu alter Biergartenherrlichkeit zurückgefunden hat

94 Unser Tipp:

Ochs am Spieß
Einmal im Sommer, zum Sommernachtsfest Ende Juli, dreht sich im Franziskanergarten ein ganzer Ochs am Spieß – ein starkes Schauspiel, erst dem Riesenviech beim Rotieren zuzuschauen und dann, wie der ganze Fleischberg in die Rachen hungriger Gäste wandert. Dazu natürlich Live Musik und jede Menge Stimmung. Muss nur noch das Wetter mitmachen. Nähere Infos und der genaue Rösttermin auf der Webseite des Franziskanergartens.

Leiberheim

Ja da schau her, was aus dem altbackenen Biergarten von einst geworden ist, seit die Wirtsleut *Thomas* und *Katrin König* das Leiberheim übernommen haben: Früher ging man hier auf dem blanken Erdboden, jetzt ist alles frisch aufgekiest. Das gefällt den Großen, aber auch die Kleinen dürfen sich freuen über den großen Abenteuerspielplatz. Frisch und blitzsauber ist alles, nur das süffige Erhartinger schmeckt wie eh und je. Ein Besuch lohnt also in jedem Fall, vielleicht auch zu einem der Sommer- und Familienfeste oder zur Notte Italiana.

Übrigens: Benannt ist das Leiberheim nach dem bayerischen Leibregiment des ersten Weltkriegs. Eduard Ordnung, einer der Leiber, war der Gründer dieses Biergartens. In voller Montur steht er bis heute im Wirtshaus, leider nur in der Vitrine.

81739 München-Waldperlach, Nixenweg 9
Tel. 4 30 00 00, www.Leiberheim.de

Wann:
Täglich 10 - 22 Uhr

MVV:
S 1 Neubiberg
Bus 55 Waldperlach

Rad:
5,5 km Kreitmair (98)
4,5 km Franziskanergarten (94)
5 km Michaeligarten (92)

Parken:
Großer P am Haus

Taxi:
Waldheimplatz

Sitzplätze:
3000; fast durchweg Holz

Essen:
Gute Auswahl in den großen Brotzeithütten; Spanferkel

Kinder:
Großer Abenteuer-Spielplatz von Obletter, gut einsehbar

Plus:
Ruhige Lage, bodenständiges Publikum, großer Spielplatz

Fazit:
Schöner und großer Traditionsgarten, frisch aufpoliert

96 Unser Tipp:

Auf in's Bermuda-Dreieck!
Seit das Leiberheim wieder so schön hergericht ist und seit auch der *Franziskanergarten* (94) wieder an alte Traditionen anknüpft, bietet sich mit dem *Kreitmair* (98) in Keferloh als dem dritten Kleinod im Bunde eine Rundtour zwischen allen drei Biergärten an - sozusagen das Bermuda-Dreieck von München-Ost. Also dann, ein dreifaches Prosit!

Kreitmair Keferloh

Ein Bild von einem Wirtshaus, außen wie innen: Der Traditionsbiergarten in Keferloh steht an der Stelle, an der lange Jahre Oberbayerns wichtigster Viehmarkt stattfand. Aber nicht nur Viehhändler haben notorisch Durscht, und so darf es sich beim Kreitmair ein jeder bayerisch gutgehen lassen.

Unter die gleichen Kastanien, die schon Generationen von Münchnern beschattet haben, führt heute sogar die bayerische Regierung ihre Staatsgäste aus. Zwei oder vier Maß wirken selbst in der Politik Wunder!

An den gedeckten Tischen nehmen die besseren Herrschaften Platz. Wir dagegen schwärmen unter die Kastanien aus und genießen den wunderbaren Garten.

85630 Grasbrunn, Keferloh Nr. 2
Tel. 46 46 57 oder 46 52 48 oder 45 69 95-0
www.keferloh.de

Wann:
Täglich 15 - 24 Uhr,
Wochenende ab 11 Uhr
in den Sommerferien täglich ab 11.30 Uhr

MVV:
S 4 Haar, Bus 241 (an der B 471)

Rad:
5 km Franziskanergarten (94)
5,5 km Leiberheim (96)
8,5 Michaeligarten (92)

Taxi:
Wasserburger Landstraße

Parken:
Großer P am Haus,
sonst in der Wiese

Sitzplätze:
1200; meist Holzgarnituren

Essen:
Reichhaltiges Angebot bayerischer Schmankerl vom Grill und kalten Buffet

Kinder:
Kleiner Spielpatz, eingezäunt, gut einsehbar

Plus:
Schattige Kastanien,
schönes Wirtshaus

Fazit:
Klassische Einkehr von Familien bis Fun-Fans

98 Unser Tipp:

Ein Blick in den Keferloher

Der Keferloher Tonkrug war zunächst billiger Ersatz für die vielen Glaskrüge, die bei Raufereien am Keferloher Markt zu Bruch gingen. Heute schätzen Bierkenner weltweit seine Vorzüge: Der Ton hält das Bier angenehm kühl und, wie ein tiefer Blick in den Keferloher verrät, die mit einem Spezialverfahren angerauhte Innenwand des Krugs bindet die Kohlensäure, das Bier bleibt länger kühl und süffig.

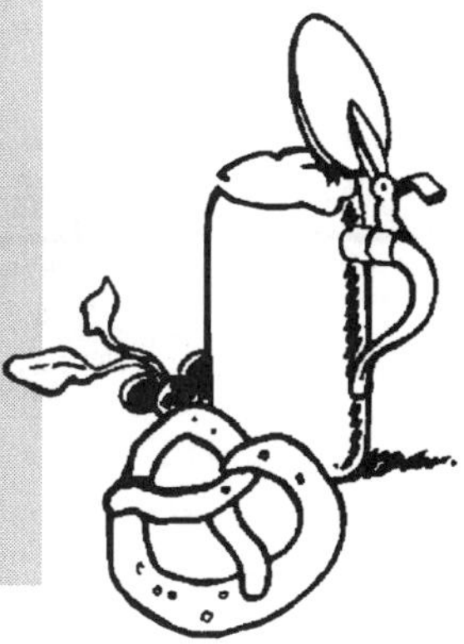

Heimstettener See

Der kleine Badesee mit angeschlossenem Biergarten liegt näher an Feldkirchen als an Heimstetten und unweit des Münchner Autobahnrings. Für die Umgebung ist der Biergarten erstaunlich gut geraten, mit einem richtigen Kastaniendach und fest installierten Holzbänken. Diese Vorzüge bieten nicht viele der Biergärten, die hauptsächlich für Sonnen- und Wasserbader eingerichtet sind.

Offenbar haben aber Badegäste ein notorisch weitgefasstes Verständnis von Mein und Dein, versucht doch auch hier der Wirt mittels Pfand der drohenden Maß-Nahme abzuhelfen.

Ayinger Bierspezialitäten

85609 Aschheim, Am Heimstettener See
Tel. 9 03 16 97, www.heimstettenersee.de

Wann:
Fr - Mo 10 - 23 Uhr

MVV:
S 2 Feldkirchen

Rad:
Rad/Fußweg um den ganzen See; 8,5 km Kreitmair (98)

Parken:
Großer P, Gebühr 2,-
Motorräder 1,50,-

Sitzplätze:
500; meist fest installierte Holztische

Essen:
Gute Auswahl; Steak, Fisch oder wie wär's mal mit Kaiserschmarrn?

Kinder:
Badegelände, Spielplatz 50 m weiter, Tischtennis

Plus:
Liegewiese, See, sehr schattig

Minus:
Pfand 3,- auf Krüge und Teller

Fazit:
Erholung vom Sonnenbaden

100 Unser Tipp:

Nass & Maß
Ein gefälliges Badegelände ist hier entstanden: Die Wiesen fallen zum See hin ab und ermöglichen so die Auswahl des idealen Anstellwinkels zur Sonne – wichtig für den optimalen Bräunungskoeffizienten. Aber auch eine schattige Siesta ist überall am See möglich, Bäume stehen nicht nur im Biergarten. Gerade das richtige also für einen faulen Nachmittag.

Zur Mühle Ismaning

Eine Traditionswirtschaft am rauschenden Mühlbach und direkt an Ismanings Piazza mit dem imposanten Maibaum des Ismaninger Burschenvereins.

Seit 1895 wird die Mühle von der Wirtsfamilie Seidl geführt. Stellen Sie sich einen typischen Wirtsgarten vor, mit hundertjährigen Kastanien, mitten im Ort und mit Bedienung an gedeckten Tischen, der im Zuge der Modernisierung zum „Vollbiergarten“ ausgebaut wurde. Die Lage am neu gestylten Kirchplatz von Ismaning verheißt durchaus italienisches Ambiente – wenn der Platz belebt ist, was freilich nicht immer der Fall ist.

85737 Ismaning, Kirchplatz 5
Tel. 96 09 30, www.hotel-muehle.de

Wann:
Täglich 12 - 23 Uhr

MVV:
S 8, Bus 230/231/531

Rad:
1 km vom Isar-Radweg

Parken:
Ausreichend ringsum

Sitzplätze:
600; durchweg Holzgarnituren

Essen:
Resche Haxn,
ausgezeichneter Obatzda,
zu günstigen Preisen

Kinder:
Kein Spielplatz, aber der
Park liegt nebenan

Plus:
Ruhige Lage am Mühlbach

Minus:
Kein Spielplatz im Biergarten

Fazit:
Moderne Oase im
Zentrum Ismanings

102 Unser Tipp:

Pavillon im Park

Vom Biergarten über die Hauptstraße liegt im Park das Ismaninger Schloss, im 18. Jahrhundert ein Brennpunkt des Geisteslebens. Besonderes Kleinod: der Pavillon, ein Frühwerk von *François Cuvilliés*, dem späteren kurbayerischen Hofbaumeister.
Bestechend ist die Ähnlichkeit des Pavillons mit *Cuvilliés'* Meisterleistung, der Amalienburg im Park von Nymphenburg.
Näheres zum Ismaninger Schloss erfahren Sie in der Bücherei im Schlosspark.

Mühlenpark Garching

1975 wurde die Freizeitanlage Mühlenpark an der Stelle einer alten Mühle errichtet, der Biergarten freilich sieht aus, als wäre er viel älter. Das alte Mühlrad dreht sich noch im Mühlbach nebenan, „Stromschnellen" rauschen ein paar Meter weiter. Wer einmal im gut versteckten Innenhof mit seinen überdachten Veranden und durchweg fest installierten Holzbänken sitzt, genießt das Wasserrauschen und die überaus günstigen Preise für Bier und Brotzeit. Allzu groß ist die Auswahl aber nicht, schließlich breitet man hier gern das eigene Essen aus.

Von der sonst häufigen Künstlichkeit eines Freizeitparks ist nichts zu spüren, im Gegenteil, es geht richtig urig zu!

85748 Garching, Mühlgasse 48
Tel. 3 20 49 75

Wann:
Täglich 10 - 22.30 Uhr

MVV:
2,5 km von U 6 Garching-Hochbrück, Bus 290 Mühlgasse

Rad:
1 km vom Isar-Radweg; Radweg am Schleißheimer Kanal 8,5 km nach Oberschleißheim (108)

Parken:
Großer P Mühlenpark 500 m entfernt, beim Gymnasium

Sitzplätze:
650; durchweg fest installierte Holztische

Essen:
Einfache kalte und warme Brotzeiten, Steckerlfisch

Kinder:
Spielplatz auf der anderen Seite des Bachs, kaum einsehbar

Plus:
Schöne Lage am Mühlbach, preiswert, kein Schnickschnack

Minus:
Nicht einfach zu finden für Ortsunkundige

Fazit:
Uriger Biergarten mit ebensolchem Publikum

104 Unser Tipp:

Go-Kart-Rennen
Besser vor dem Biergarten empfehlen wir den Geschwindigkeitsrausch auf der Go-Kart-Bahn in Garching/Hochbrück, am Ende der Robert-Bosch-Straße. Unter der Woche können wir den künftigen Profis zuschauen, wir Möchtegern-Schumis dürfen ebenfalls täglich von 10 - 19 Uhr an den Start. An Körpergröße sind mindestens 135 cm mitzubringen. Für schlappe 12 € pro zehn Minuten kann man sich dann Rennvergnügen à la Formel 1 leisten.

Bergl

Das Bergl ist der andere, viel weniger bekannte Biergarten in Oberschleißheim. Fast nur Einheimische finden das idyllische Platzerl mitten im Wald.

1884 übernahm *Franz-Xaver Söllner*, der Urgroßvater der heutigen Wirtin, das schon damals gut eingeführte Wirtshaus Bergl. Dieser Biergarten gefiel dem Uropa besser als die *Menterschwaige* (84), die ihm zuvor gehörte.

Im Lokal hängen Bilder aus längst vergangenen Tagen, die das Bergl noch als einen Riesenbiergarten zeigen und nicht in der arg gestutzten Form unserer Tage.

85764 Oberschleißheim, Bergl 1
Tel. 3 15 01 05, www.tiscover.de/waldrestaurant-bergl

Wann:
Fr - Di 10 - 23 Uhr;
Ruhetage Mi und Do;
im August 3 Wochen
Betriebs-Urlaub

MVV:
S 1 Oberschleißheim,
Bus 292 bis Kindergarten

Rad:
1,7 km Schloss Oberschleißheim (108)
3 km Landgasthof Alter Wirt (152)

Parken:
Großer P vorhanden

Taxi:
S-Bahn Oberschleißheim

Sitzplätze:
350; meist Holzgarnituren

Essen:
Spezialität: Spanferkel, Schweinsbraten und Haxn aus eigener Metzgerei

Kinder:
Kein Spielplatz, aber viel Natur ringsrum; Pferdekoppel und kleiner Bach anbei

Plus:
Lage im Wald; reiner Familienbetrieb, preiswert

Minus:
Autos parken nur einen Schritt vom Biertisch; Betriebsferien im August

Fazit:
Die rustikale Alternative zu Klein-Versailles

106 Unser Tipp:

Auf in die Flugwerft
Die Flugwerft Schleißheim auf einem der ältesten deutschen Flugplätze ist eine Außenstelle des *Deutschen Museums*. *Otto von Lilienthals* Flugapparate reihen sich neben Wehrmachtsbomber, US-Kampfjets, Senkrechtstarter, Hubschrauber, der ersten Stufe der Europa-I-Rakete und dem muskelkraftgetriebenen *Musculair*. Effnerstr. 18, Oberschleißheim, Tel. 3 15 71 40, offen täglich 9 - 17 Uhr. Eintritt 3,50 €, ermäßigt 2,50 €.

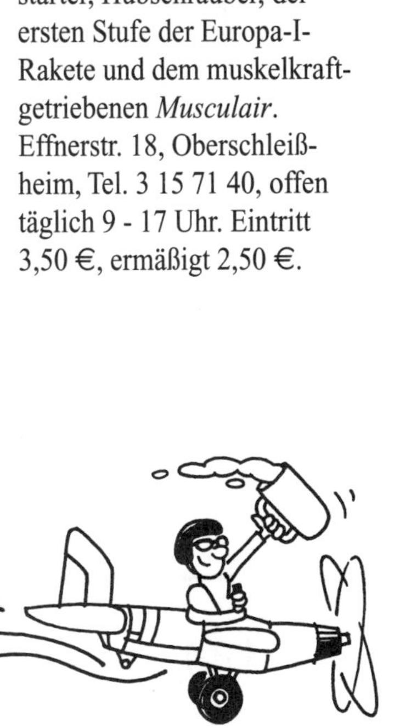

Schloss Oberschleißheim

Versailles kann getrost einpacken, wenn sich die Frontfassade von Schloss Oberschleißheim in der Abendsonne goldgelb im Maßkrug spiegelt. Ganz einfach, weil es diese Mischung aus Schloss und Biergarten anderswo nicht gibt.

Aber die Fußballwiese im Schlossgarten, na, da hätten sich die hohen Herren gefreut! Ans Volk haben Bayerns Kurfürsten damals weniger gedacht, zum Glück aber an ihre Bediensteten, die hier unterm dichten Kastaniendach manche Maß Hofbräu kredenzt bekamen. Und bei diesem schönen Brauch ist es geblieben.

MÜNCHEN

85764 Oberschleißheim, Maximilianshof 2
Tel. 3 15 15 55, www.schlosswirtschaft-oberschleissheim.de

Wann:
Täglich 11 - 22 Uhr

MVV:
S 1 Oberschleißheim
Bus 292 bis Kindergarten

Rad:
Radweg von München entlang S 1; am Schlosskanal Richtung Garching;
1,7 km Bergl (106)
4,7 km Landgasthof Alter Wirt (152)
8,5 km Mühlenpark (104)

Parken:
Großer P am Schloss

Taxi:
S-Bahn Oberschleißheim

Sitzplätze:
1400; durchweg Holzgarnituren

Essen:
Übliche Brotzeiten, diverse Wurst-Delikatessen vom legendären Metzger Reichlmayr in Unterschleißheim

Kinder:
Kein Spielplatz, aber große Spielwiese am Schloss, schlecht einsehbar

Plus:
Alte Kastanien, sehr schattig, Blick aufs Schloss

Fazit:
Zünftiger Biergarten mit Schlossanschluss

108 Unser Tipp:

Schlosstour
Das Schloss und das nahe Lustheim wurde von den besten Künstlern der bayerischen Kurfürsten geplant und ausgestaltet, wie *Zuccalli, Asam, Zimmermann*. Die Große Galerie auf der Gartenseite wagt sich sogar an das Vorbild Versailles.
Auweh, das Schloss ist groß, der Park noch mehr, und wann gibt's was zu trinken?
Wie gut, dass es nicht weit zu den Kastanien ist.

Schießstätte Allach

Ein schöner, unauffälliger Biergarten unter alten Kastanien nahe der Würm. Vor ein paar Jahren noch ein behäbiger Wirtsgarten, hat die Brauerei Kaltenberg nun auf Biergartenbetrieb umgestellt und das bekommt der Schießstätte gut.

Voll wird es hier selten, es bleibt also genug Platz für alle. Zum Gasthof selbst gehört noch eine Wiese, auf der die Kinder herumtollen können. Ein paar Schritte flussaufwärts liegt eine nette Grünanlage an der Würm, bestens geeignet zum Sonnenbaden, Fuß- oder Federball.

Die vielen Radler, die der Würm von Pasing bis Dachau folgen, finden hier erfrischende Rast.

Kaltenberg
BIER VON KÖNIGLICHER HOHEIT

80999 München-Allach
Servetstr. 1, Tel. 8 12 50 10

Wann:
Im Sommer täglich 11 - ca. 22/23 Uhr. Ab Herbst Montag Ruhetag

MVV:
S 2 Allach
Bus 164, Servetstraße

Rad:
Von Dachau bis Pasing fast durchgehende Radroute an der Würm entlang
2 km Insel-Mühle (56)
4 km Langwieder See (112)

Parken:
Meist ausreichender P im Hof

Taxi:
Bahnhof Allach

Sitzplätze:
500; durchweg fest installierte Tische

Essen:
Übliche Auswahl und diverse Tagesangebote, z.B. Rindsrouladen mit Blaukraut

Kinder:
Spielplatz im Garten, gut einsehbar. Größerer Spielplatz 100 Meter vom Biergarten an der Würm

Plus:
Ruhige Lage, nahe Radroute

Fazit:
Ruhige Einkehr an der Würm

110 Unser Tipp:

Flusstour
An der Würm entlang zieht sich von Gräfelfing bis Dachau eine fast durchgehende Radroute. Die Route beginnt am *Lochhamer's* (114). Von dort geht es durch den Stadtpark, knapp am *Landsberger Hof* (62) vorbei, über Blutenburg, *Insel Mühle* (56) und Schießstätte bis hinauf auf den Dachauer Schlossberg (*Bräustüberl*, 197).

Langwieder See

Direkt am Ufer des Langwieder Sees und damit ganz in der Nähe der Stuttgarter Autobahn liegt dieser große, vor ein paar Jahren neu angelegte Biergarten. Im weiten Rund des Gartens verlieren sich ein paar schwindsüchtige Bäume. Anständigen Schatten von halbstarken Bäumen gibt es erst direkt am Seeufer. Dort liegen auch die schönsten und beliebtesten Tische. Vor allem abends, wenn die tief stehende Sonne über den See hereinscheint und ein paar späte Schwimmer ihre Bahnen ziehen, ist es ein ganz famoses Platzerl. Direkt vom Biergartentisch kann man ins Wasser tauchen. Diese Handvoll Tische am Ufer ist leider rasch belegt; Ausweichplatz gibt es weiter hinten im Biergarten genug.

Der Langwieder See ist nicht die einzige Attraktion: Das Freizeit- und Badegelände am neu angelegten Luss-See liegt nur zwei Gehminuten vom Biergarten entfernt.

Kaltenberg
BIER VON KÖNIGLICHER HOHEIT

81249 München-Langwied,
Kreuzkapellenstraße 89, Tel. 86 48 60
www.inmuenchen.de/hotel-langwieder-see

Wann:
Täglich 11 - 21 Uhr, max. 22 Uhr

Rad:
5 km Insel-Mühle (56)

Parken:
Ausreichend, für Biergarten-gäste frei, aber zur Badesaison manchmal voll

Sitzplätze:
1000; meist fest installierte Holztische

Essen:
Reichliche Auswahl:
z. B. Forelle, Kasspatzn, griechische Vorspeisen

Kinder:
Neuer Spielplatz, einsehbar, im hinteren Teil des Biergartens

Plus:
Lage am See, viele fest installierte Holztische

Minus:
Wenig Schatten

Fazit:
Moderner Seegarten mit schönem Blick

112 Unser Tipp:

Autobahn-Raststätte
Aus dem Schwabenlande glücklich heimgekehrt, finden wir See und Biergarten nur wenige hundert Meter von der Ausfahrt Langwied der Stuttgarter Autobahn. Etwas Kühlung kann nach langer Autofahrt schließlich nicht schaden. Das weitläufige Badegelände (Parkplatzgebühr) ist die Attraktion für alle Wasserratten im Münchner Westen.

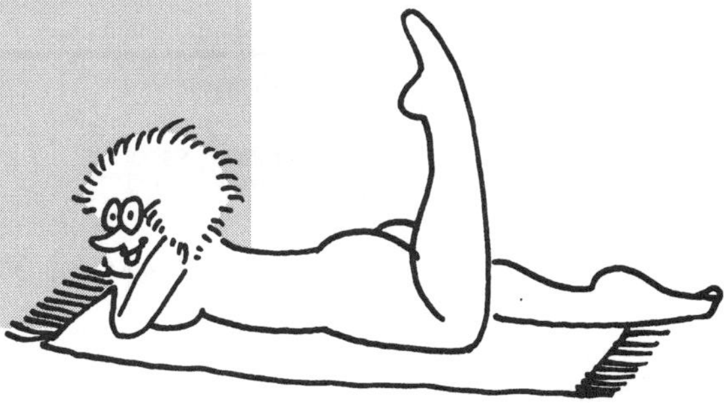

Lochhamer's

Einen schattigen und nicht zu großen Biergarten gleich an der Würm bietet das Lochhamer's, das bis vor kurzem unter dem Namen Lochhamer Einkehr firmierte. Leider liegt er auch nah an der Straße. Darüber können wir aber hinwegsehen, denn so nah am vorbeimurmelnden Fluss wie hier sitzt man sonst kaum je. Abends scheint leider kaum Sonne in den Biergarten, das Wirtshaus steht den wärmenden Strahlen im Weg.

Wem nach der dritten Maß die Füße schwer werden, der kann sich im nahen Stadtpark ablegen. Direkt hinter dem Lochhamer`s führt eine Fußgängerbrücke in den Park.

Nach vielen Pächterwechseln in den letzten Jahren stand für die Neuausgabe dieses Büchleins der nächste Wechsel an. Eine abschließende Beurteilung war somit nicht möglich.

Kaltenberg
BIER VON KÖNIGLICHER HOHEIT

82166 Gräfelfing, Lochhamer Straße 4
Tel. 85 48 46 51

Wann:
Täglich 10 - 23 Uhr, kann sich aber wegen Pächterwechsel ändern

MVV:
S 6 Lochham,
Bus 160 Würmstraße

Rad:
Schöner Radweg durch den Stadtpark immer entlang der Würm;
3 km Prinzregent Garten (64)
3 km Pe.Es. (116)

Parken:
Oft schwer, evt. gegenüber am Kirchlein

Taxi:
Klinikum Großhadern,
Pasing Marienplatz

Sitzplätze:
1000; meist feste Holztische

Essen:
Wegen Pächterwechsel ohne Beurteilung

Kinder:
Spielplatz, gut einsehbar

Plus:
Direkt an der Würm,
schöne Bäume

Minus:
Straßenlärm

Fazit:
Schattige Rast am Fluß- und Straßenrand

114 Unser Tipp:

Biergarten-Springen
Der Pasinger Stadtpark mit seinen uralten Bäumen zieht sich der Würm entlang nach Gräfelfing. Vom Pasinger Krankenhaus am Flußufer meist schattig bis zur Lindauer Autobahn. Eine Brücke bringt uns zum Hintereingang des Lochhamer's. Vom *Landsberger Hof* (62) geht es fast durchweg der Würm entlang, vom *Prinzregent Garten* (64) erreichen wir den Stadtpark über die Weinbergerstraße (Radweg). Zum Biergarten *Pe.Es.* (116) an der Würm gibt es leider keinen durchgängigen Radweg.

Pe.Es. Kottmeier

Carpaccio oder Lachsfilets im Biergarten? Kein Problem im Pe.Es., einem treffend benannten Biergarten direkt an der Würm mit reichlich Pferdestärken davor. Zwischen Wirtshaus und Fluss passt sich der Biergarten ein, mit Nadelbäumen am Ufer, mit Sonnenplätzchen in der Mitte und mit engem, aber klassischem Biergartenambiente an der großen Blockhütte - wie geschaffen für Genießer und Sitzenbleiber!

Radfahrer und Kinder findet man im Pe.Es. eher selten. Auch ist dies nicht der Biergarten, wo viele Leute ihre Brotzeit auspacken. Als Besonderheit gibt es das reichhaltige Angebot der Speisekarte frisch zubereitet auch für Selbstabholer – eine willkommene Abwechslung von der sonst üblichen Brotzeitauswahl. Ein Besuch in diesem schönen Biergarten lohnt sich in jedem Fall.

82152 Planegg
Bräuhausstraße 18, Ecke Germeringer Straße
Tel. 89 93 00 30 oder 8 59 80 97, www.pe-es.de

Wann:
Draußen täglich 12 - 1 Uhr

MVV:
S 6 Planegg,
Bus 266/268 Germeringer Straße

Rad:
Kein Radweg; 600 m Heide Volm (118), 1 km Alter Wirt (120), 1,5 km Kraillinger Brauerei (122), 3 km Lochhamer's (114)

Parken:
Schwierig, evt. auf der anderen Seite der Würm

Taxi:
Evtl. Bahnhof Planegg, sonst Klinikum Großhadern

Sitzplätze:
500; meist Holzgarnituren

Essen:
Reiche Auswahl auch von der Speisekarte: Steaks, Salate oder der preiswerte Gemüsespieß vom Grill

Kinder:
Spielplatz Fehlanzeige!

Plus:
Direkt am Fluss, Holzfässer, bis spät offen

Minus:
Kein Spielplatz

Fazit:
Schöner Biergarten mit PeEs-freudigen Gästen

116 Unser Tipp:

In memoriam Karl Valentin

Keine hundert Meter vom Biergarten, an der Ecke Germeringer/Georgenstraße, steht das kleine Häuschen, in dem Münchens bekanntester Komiker und Querdenker seine letzten Jahre verbrachte. Möglich, dass er damals in der Traditionswirtschaft Kottmeier seine berühmten Semmelnknödeln verspeiste. Aber das reichte nicht: Im Hungerwinter 1947/48 starb *Karl Valentin*. Auf dem örtlichen Friedhof zwischen der Münchener- und der Fürstenrieder-Straße finden Sie seinen Grabstein.

Heide Volm

Etwas Forscherdrang gehört schon dazu, um hinter der riesenhaften Betonburg der Großgaststätte noch einen Biergarten zu entdecken, einen selbsternannten „Traumbiergarten" dazu, aber es gibt wirklich einen, wenn auch keinen allzu berauschenden.

Hier gibt es für jeden Geschmack und jedes Alter etwas. Zum Beispiel von 17-19 Uhr die Happy Hour an der Bar, mit erstaunlichen 0,3-Liter-Weißbiergläsern, ein naturtrübes Kellerbier oder die überdachte Veranda für verregnete Sommerabende. Für Gäste mit schwach entwickelter Rückenmuskulatur ideal: Die Sitzbänke mit Rückenlehne.

82152 Planegg, Bahnhofstraße 51 (direkt am S-Bahnhof)
Tel. 8 57 20 29, www.heidevolm.de

Wann:
Täglich 11 - 23 Uhr

MVV:
S 6 Planegg, Bus 260/266/268/856/906 Planegg Bahnhof

Rad:
Radweg nach Germering;
600 m Pe.Es. (116)
1,2 km Kraillinger Brauerei (122)
4 km Forst Kasten (124)

Parken:
P am Haus, P & R am S-Bahnhof (Zufahrt Kreuzstraße)

Taxi:
Am Bahnhof Planegg

Sitzplätze:
1000; z.T. Holzgarnituren

Essen:
Gute Auswahl, preiswert

Kinder:
Neuer, großzügiger Spielplatz, z.T. kostenpflichtig, gut einsehbar

Plus:
Preiswertes Bier; gleich an der S-Bahn

Minus:
Betonburg, Sektbar mit 0,3 l Weißbier

Fazit:
Preiswerte Großgastronomie

118 Unser Tipp:

Maria Eich
Der altberühmte Wallfahrtsort Maria-Eich geht auf zwei Buben zurück, die Söhne des Planegger Schmieds: Sie hatten 1710 eine Marienstatue gefunden, die sie in einer hohlen Eiche aufstellten. Nachdem einige Mirakel geschehen waren, pilgerten die Gläubigen zum „Frauerl in der Aichen" und das ist bis heute so geblieben. Die alte Eiche traf der Blitz, der erhaltene Stamm ist hinter Glas zu sehen. Von Mai bis September finden hier auf der Waldlichtung Freiluftgottesdienste statt. Ein paar Minuten Fußweg bringen uns darauf zum Biergarten.

Alter Wirt

Der Alte Wirt ist ein schöner, gut 160 Jahre alter Traditionsgarten direkt an der Würm, der viele Jahre lang arg heruntergewirtschaftet war. Legendär sind die Geschichten über den alten Wirt vom alten Alten Wirt.

Seit ein paar Jahren hat die Augustiner-Brauerei Haus und Garten übernommen und sauber herausgeputzt. Die sündige Meile Kraillinger Brauerei – Pe.Es. hat in ihrer Mitte durch den Alten Wirt würdigen Zuwachs bekommen.

Augustiner-Bräu München gegründet 1328

82152 Krailling, Margaretenstr. 31
Tel. 89 19 84 44, www.alter-wirt-krailling.de

Wann:
Täglich 10 - 24 Uhr

MVV:
S 6 Planegg
weiter mit Bus 967, 969
Margaretenstraße

Rad:
Kein Radweg
0,5 Kraillinger Brauerei (122)
1 km Pe.Es (116)
3 km Forst Kasten (124)

Parken:
Auf der Straße; abends und am Wochenende schwierig

Taxi:
Am Bahnhof Planegg

Sitzplätze:
500; meist Holzgarnituren

Essen:
Übliche Auswahl

Kinder:
Kleiner Spielplatz, gut einsehbar

Plus:
Lage am Flussufer,

Minus:
Viele Schirme

Fazit:
Herausgeputzter Uferbiergarten

120 Unser Tipp:

Wirtsgärten im Würmtal
Das Würmtal bietet eine hohe Dichte an echten und weniger echten Biergärten. Von der *Kraillinger Brauerei* (122) geht es würmab über den Alten Wirt und dem Schabernack (sehr schöner Garten, nur abends offen, Brotzeit mitbringen erlaubt) und das Planegger *Bräustüberl* (schöner Garten direkt an der Würm) über die Bahnhofstraße zum *Heide-Volm* (118) direkt am S-Bahnhof Planegg.

Kraillinger Brauerei

Hopfen und Malz werden in der Kraillinger Brauerei zwar nur noch in Fässern geliefert, umso mehr Platz bleibt aber für den Biergarten, eine Sommerfrische für Normalverdiener im sonst so nobligen Würmtal.

Die vielen Radler tun ein Übriges, und für die Kinder gibt es sogar eine eigene Etage im Souterrain. Angenehm sind die meist festgefügten Tische und Bänke. Sie lassen das Gewackel der anderswo üblichen Biergarten-Garnituren vergessen.

Im hinteren Gartenteil, fernab der Buden, geht's dann gemächlicher zu. Dort spitzt auch die Abendsonne unters dichte Blätterdach hinein und vergoldet die Krüge. Jetzt bloß noch eine frische Maß Herrnbräu aus dem Holzfass und fertig ist das Gartenglück - wohl bekomm's!

HERRNBRÄU
Weißbier-Spezialitäten

82152 Krailling
Margaretenstraße 59, Ecke Pentenriederstraße
Tel. 8 57 17 18, www.kraillingerbrauerei.de

Wann:
Täglich 11 - 23 Uhr

MVV:
S 6 Planegg; Bus 936, 967, 968 Mitterweg

Rad:
Kein Radweg;
0,5 km Alter Wirt (120)
1,2 km Heide Volm (118)
1,5 km Pe.Es. (116)
3 km Forst Kasten (124)
10 km Leutstetten/Obermühltal (128 und 126)

Parken:
P am Haus, manchmal voll

Taxi:
Bahnhof Planegg,
sonst Klinikum Großhadern

Sitzplätze:
1800; meist fest installierte Tische

Essen:
Große Auswahl. Frisch aufgedrehter Radi. Probieren Sie mal Hendl und Spare Ribs!

Kinder:
Großer Spielplatz in eigener Etage mit 100 Sitzplätzen, Trampolin

Plus:
Meist festinstallierte Tische; schöner Spielplatz

Fazit:
Bodenständige Einkehr mit guter Küche und zivilen Preisen.

122 Unser Tipp:

Von Maß zu Maß per Schlauchboot

Ideal an heißen Sommertagen – und bei hohem Wasserstand: Per Schlauchboot vier Kilometer die Würm hinunter, juchhe, und unterwegs an vier oder fünf Biergärten andocken, das ist stark! Direkt hinter der Kraillinger Brauerei geht's los, dann über den *Alten Wirt* (120) *Pe.Es.* (116) und das *Bräustüberl* bis zum *Lochhamer's* (114). Wem das nicht reicht, der kann ja schon in *Leutstetten* (128) in See stechen…

Forsthaus Kasten

Im Dezember 1998 brannte das Wirtshaus lichterloh. 2002 hat das Wirtshaus wiedereröffnet. Bier und Essen werden jetzt direkt vom Haupthaus ausgegeben.

Wenn Sie über die Rad- und Wanderwege von Krailling, Stockdorf oder Neuried herkommend aus dem Wald treten, liegt inmitten einer großen Lichtung der himmlisch ruhige Ausflugsbiergarten. Hier entfalten Spaziergänger ihre Zeitung, verschmökern Bücherwürmer den lieben Tag, genießen Kinder Wiesen, Spielplatz, Tiergehege, hier eilt nichts. Abends dann bietet sich den durstig Ankommenden ein fast unwirkliches Bild: eine Insel mit bunten Lichtern im weiten Dunkel drumherum. Ist freilich eine der Veranstaltungen im Gange - und das ist nicht selten - kann aus dem Idyll rasch ein Rummelplatz werden.

Für Radtouren zu den Biergärten am Rand des Forstenrieder Parks ist Forst Kasten ideal gelegen.

82131 Gauting, im Forstenrieder Park
Tel. 8 50 03 60, www.forst-kasten.topinfo.de

Wann:
Täglich 11 - 23 Uhr, So ab 10 Uhr; bei entsprechendem Wetter auch im Winter offen

MVV:
S 6 Stockdorf, dann 3 km zu Fuß, Bus 936/968 Max-Dingler-Straße

Rad:
Radwege durch Forstenrieder Park; 3 km Kraillinger Brauerei (122) 9 km Leutstetten (128) über Buchendorf

Parken:
großer P am Haus

Taxi:
Fürstenried West

Sitzplätze:
2500; durchweg Holz, z.T. fest installiert

Essen:
Großes Angebot; Salatbar, Chili con carne

Kinder:
Schöner Spielplatz, Schafe, Ziegen, große Wiesen

Plus:
Idyllische Lage auf großer Waldlichtung, bietet viel für Kinder

Minus:
Rummel bei Veranstaltungen

Fazit:
Schöne Waldrast für Ausflügler und Sitzenbleiber

124 Unser Tipp:

Wochenend-Remmidemmi
Die Lage auf der großen Waldlichtung verleitet offenbar zu vielerlei Veranstaltungen: Mal setzt es einen Frühschoppen mit Musik, mal ein Stoahebn, ein Weinfest oder eine Karibik-Night. (Termine entnehmen Sie bitte der Hauspostille *Wildschwein Echo*). Bei dieser Art des Freizeit-Vollzugs sind die Parkplätze entsprechend rar. Aus ist's dann mit der sonst so beschaulichen Ruhe.

Obermühlthal

Ob dieser idyllische Biergarten wirklich „der Sonne am nächsten“ ist – so die Eigenwerbung – wissen wir nicht. Die S-Bahn, die hier mal vor der Tür hielt, fährt inzwischen ohne Halt vorbei. Sonst gibt's ja weit und breit nichts, außer dem Rauschen der Buchenwälder ringsum. Endlich bietet der Biergarten auch für die Kinder einen schönen, neuen und schattigen Spielplatz.

In diesem Paradies für Ausflügler herrscht meist himmlische Ruh. Nur an Wochenenden und Feiertagen vertreibt Jazz-Musik die Stille. Wem's im Ohrwaschl dröhnt, der findet am Wiesenhang hinterm Wirtshaus ein schallgeschütztes Platzerl. Von hier hat man auch den schönsten Blick über die bewaldeten Moränenhügel des Mühlthals.

82319 Starnberg-Mühlthal
Tel. (08151) 85 85

Wann:
Täglich 10 - 22 Uhr (Ausschankende); März bis Oktober

Rad:
Radweg von Starnberg oder Gauting ins Mühlthal; 1 km Leutstetten (128)

Auto:
Beschilderte Abzweigung von der Straße Gauting-Starnberg

Parken:
Einige P vor dem Garten, sonst entlang der Straße

Sitzplätze:
900; durchweg fest installierte Holzbänke

Essen:
Übliche Auswahl ohne Besonderheiten

Kinder:
Schöner, neuer Spielplatz, gut einsehbar; Wiesengelände unterm Biergarten

Plus:
Herrliche Lage, alte Bäume, nur Holztische

Fazit:
Schöner Waldbiergarten mit lauten Wochenend-Einlagen

126 Unser Tipp:

Maß-volle Wanderung
Vom Biergarten den Fußweg hinab und über die Würm zur Hauptstraße Richtung Starnberg. Auf der anderen Straßenseite führt der Wanderweg unter dem Moränenhügel mit den spärlichen Resten der Karlsburg vorbei. Weiter geradeaus zu den Pferdekoppeln von Leutstetten und rechts über die Anhöhe mit prächtigem Blick auf die Alpen zum Biergarten *Leutstetten* (128) (15 min.). Wer weiter will, wandert zur Gartenwirtschaft *Holzeder* in Wangen.

Leutstetten

Nobel die Schlossgaststätte in der Nachbarschaft des Wittelsbacher Schlosses, nobel die Starnberger Schickeria, die hier ihre Karossen vorführt. Aber auch durstige Mühlthal-Wanderer schlucken gerne vom königlich-kaltenbergschen Bier. Ein klassischer Ausflugs-Biergarten also, griabig und schattig. Die riesigen, altgewachsenen Bäume setzen dem Garten die Krone auf.

Doch Vorsicht, wer wochentags von der Überresten der sagenhaften Karlsburg herabwandert, findet den eigentlichen Biergarten erst ab 17 Uhr geöffnet, am Wochenende freilich schon am Vormittag. So bleibt bei klarem Wetter noch genügend Zeit, vom Moränenhügel gleich hinter dem Wirtshaus den traumhaften Blick auf Starnberger See und Zugspitze zu genießen.

Bei weniger sicherem Wetter haben die Standl schon mal zu; dann muss man sich eben an der Schänke im Wirtshaus bedienen.

Kaltenberg
BIER VON KÖNIGLICHER HOHEIT

82319 Starnberg-Leutstetten, Altostraße 11
Tel. (08151) 81 56, www.schlossgaststaette-leutstetten.de

Wann:
Täglich 17 - 23 Uhr,
Wochenende schon ab 12 Uhr

MVV:
S 6 Starnberg-Nord
Bus 963 von Starnberg nur unter der Woche

Rad:
Von Gauting Radweg ins Mühlthal; durch den Forstenrieder Park von Forst Kasten (124) über Buchendorf;
1 km Obermühlthal (126)

Parken:
Beschilderte Abzweigung von der Straße Gauting-Starnberg oder von der Olympiastraße München-Starnberg.
P knapp, oft schwierig

Sitzplätze:
400; durchweg fest installierte Holztische

Essen:
Große, gehobene Auswahl vom Grill und kalte Brotzeiten

Kinder:
Klettergerüst, nahe der Straße

Plus:
Herrliche Bäume, ideal für Wanderungen

Minus:
Unter der Woche erst ab 17 Uhr auf; Buden haben nicht immer auf

Fazit:
Klassisch-schönes Ausflugsziel

128 Unser Tipp:

Theater am Hof
Im Nebengebäude der Schlossgaststätte finden mehr als nur illustre Hochzeiten und Weihnachtsfeiern des FC Bayern statt: Hier spielt im Herbst das Bauerntheater
(Tel. 85 59 07 29;
www.hs-gaststaetten.de).
Schade nur, dass einem drinnen langsam heiß wird, während draußen eine frische Maß zu haben wäre. Wer keine Karten kriegt, gräme sich nicht:
Das Mühlthal lockt mit einer Vielzahl von Ausflügen, siehe unser Tipp *Obermühlthal* (126).

Waldgasthof Buchenhain

Buchenhain bei Pullach war schon immer ein beliebtes Ausflugsziel. Die Lage am Hochufer der Isar - die man von hier freilich nicht sieht - zwischen Forstenrieder Park und Georgenstein könnte gar nicht günstiger sein.

Das Bier bekommt man von Freitag bis Sonntag an der Gartenschänke, sonst holt man es sich drinnen. Schatten unter den alten Bäumen gibt es reichlich erst ab nachmittags. Für Kinder ist jede Menge Platz.

Steil geht es hinab zur Isar. Direkt unterm Biergarten war einst der Klettergarten der Münchner Bergfexe, damals, als es noch keine künstlichen Kletterwände gab. An diese Zeit erinnert noch die heutige Straßenadresse.

Weit weg von jeder Hektik ist der Waldgasthof ein entspannter Biergarten, in dem man gerne länger sitzen bleibt. Der nahe S-Bahnhof lässt uns ganz ohne Promillesorgen noch eine zweite Maß Hofbräu trinken. Auf Wunsch kommt das Bier sogar im Steinkrug daher.

MÜNCHEN

82065 Buchenhain, Am Klettergarten 7
Tel. 74 48 84-0, www.hotelbuchenhain.de

Wann:
Fr 12 - 23 Uhr; Sa/So 10 - 23 Uhr;
Mo - Do Bier drinnen holen
bei schlechtem Wetter Fr Ruhetag

MVV:
S 7 Buchenhain

Rad:
Am Radweg entlang der B 11
Solln - Pullach - Hohenschäftlarn
6 km Wawi (132)
8 km Schäftlarn (192)
8 km Forst Kasten (124)

Parken:
Großer schattiger P am Haus;
von München her auf der B 11
erst nach der Unterführung links
abbiegen

Sitzplätze:
900; durchweg Holztische

Essen:
Viele Brotzeiten, einige warme
Gerichte; Schmalznudeln und
selbstgebackene Kuchen

Kinder:
Großer Spielplatz, eingezäunt
und gut einsehbar

Plus:
Schöne, ruhige Lage; großer
Spielplatz

Minus:
Unter der Woche Bier drinnen
holen

Fazit:
Optimaler Familien-Biergarten
zum Sitzenbleiben

130 Unser Tipp:

Feier-Abend

Wenn Sie mal anständig abfeiern wollen, ist Buchenhain eine gute Adresse: Die Tische können Sie nach Belieben zusammenstellen. Nun noch eine herzhafte Brotzeit ausgepackt und schon lacht das bayerische Herz. Übrigens sprechen manche Gäste gern dem spritzigen Almdudler zu. Kinder können im weiten Areal herumtollen oder Räuber und Schandi spielen. Die Ruhe ist einer Waldgaststätte angemessen. Trotzdem wartet der S-Bahn-Chauffeur ganz in der Nähe auf heitere Gäste.

Waldwirtschaft Großhesselohe

Seit Wirt *Sepp Krätz* 1981 den Traditionsbiergarten übernommen hat, ist die „WaWi" zu einem der bekanntesten Biergärten Bayerns aufgestiegen. Von hier ging 1995 die Münchner Biergartenrevolution aus. Daher wundert's kaum, dass auch viele Promis und Nordlichter den Weg hierher suchen. Sie finden einen wunderschönen, echten Biergarten hoch über dem Isartal. Gleich am Zaun stürzt das Hochufer steil hinab in die grüne Hölle. Hier ist auch das schönste Brotzeitplatzerl!

Die Getränke- und Essensausgabe läuft über eine zentrale Kasse. Das beschleunigt die Abwicklung, das verringert den Charme. Ein Zeltdach zieht sich durchs Herz des Gartens. Die Bühne für die Band ist in die Mitte gerückt; nun wird jeder Winkel mit Jazz berieselt. Die Musik sorgt auch dafür, dass die Maß etwas teurer daherkommt und dass es hier oft schon sonntagmittags rappelvoll ist.

82049 Pullach-Großhesselohe
Georg-Kalb-Straße 3, Tel. 74 99 40 30
www.waldwirtschaft.de

Wann:
Täglich 11 - 23 Uhr
Ausschank bis 22 Uhr
an warmen Wochenenden auch im Winter offen

MVV:
S 7 Großhesselohe

Rad:
Am Isarhochufer bis Hohenschäftlarn 13 km
Klosterbräu Schäftlarn (192)
2 km Menterschwaige (84)
3 km Hinterbrühl (82)

Parken:
Zufahrt über Promenadeweg.
P oft überlastet; Gebühr

Taxi:
Solln

Sitzplätze:
2200; durchweg Holztische

Essen:
Große, gehobene Auswahl

Kinder:
Spielplatz, Schiffsschaukel, Kinder-Eisenbahn, Minigolf

Plus:
Klassiker, Lage am Isar-Hochufer, Musik, gute Bierauswahl (nach Saison auch Mai-Bock usw.)

Minus:
Gehobene Preise

Fazit:
Herrlicher Biergarten mit Tamtam

132 Unser Tipp:

Always on the bright side of life

Seit 1982 spielt in der WaWi Jazz, bei schönem Wetter täglich. Begeben Sie sich über die *Route 66* auf die *Sunny Side of the Street!* Wenn Ihnen das nicht ganz so leicht fällt, helfen Sie eben mit ein oder drei Maß nach!

Als kleiner Ausflug bietet sich auf dem Waldweg nach Pullach die Burg Schwaneck an, die im 19. Jahrhundert einer Raubritterburg nachgebaut wurde und heute als Jugendherberge dient.

Kugleralm

Der „Familien-Biergarten im Münchner Süden", so die Eigenwerbung, ist ein klassisches Ausflugsziel, ein Biergarten mit allem Drum und Dran.

So viele Radfahrer wie hier sieht man in keinem anderen Biergarten. Entsprechend ist bisweilen der Andrang, mit dem die großzügig dimensionierten Schankzentren aber spielend fertig werden.

In der Kugleralm, so geht die Mär, wurde 1922 die Radlermaß erfunden, als der legendäre Wirt *Franz Xaver Kugler* aus der Not eine Tugend machte: An einem heißen Julitag ging das Bier zur Neige und so streckte er es einfach mit Limo, fertig war der Durstlöscher. Den braucht man auch heute noch, wenn man auf dem überaus sonnigen Vorplatz sitzt, weiter hinten aber gibt's Schatten genug. Ab und zu spielt hier auch Live-Musik auf, es gibt einen Kindermalwettbewerb oder eine Vatertagsgaudi.

82041 Deisenhofen, Linienstraße 93
Tel. 6 13 90 10, www.kugleralm.de

Wann:
Täglich 10 - 22.30 Uhr

MVV:
S 5 Furth/Deisenhofen

Rad:
6 km Menterschwaige (84)
13 km Schäftlarn (192)
9 km Gasthaus zur Mühle: schöne Route über Laufzorn und Straßlach

Parken:
P ausreichend vor dem Haus oder jenseits der Bahn

Sitzplätze:
2500; meist Holzgarnituren

Essen:
Große Auswahl; gerühmt sind die Auszognen oder wie wär's mit dem Antipasti-Teller? Sonntags Spanferkel

Kinder:
Großer, schöner Spielplatz, gut einsehbar und eingezäunt, z. T. mit Eintritt wie etwa Ponyreiten

Plus:
Preiswert, klassisches Ausflugsziel, großzügiger Spielplatz

Minus:
Manches überdimensioniert

Fazit:
Klassiker für Radler und Familien

134 Unser Tipp:

Radeln im Grünwalder Forst
Von der Grosshesseloher Brücke unweit der *Menterschwaige* (84) ein kleines Stück Richtung Grünwald, dann zweigt der Radweg nach links ab. Vorbei am Bavaria-Filmgelände, erreichen wir auf einer großen Waldlichtung das Wirtshaus *Wörnbrunn* und weiter durch tiefen Wald die Kugleralm. Schön ist auch die Tour über Laufzorn und Straßlach zum *Klosterbräu Schäftlarn* (192).

Bartewirt

Ein schmucker Biergarten weit draußen, kurz vorm Tegernsee und dennoch mit S-Bahn-Anschluss.

Kreuzstraße - der Name macht Sinn. Direkt am Straßenkreuz beim Maibaum liegt der Biergarten. Der bietet halb Sonne, halb Schatten, für jeden ist also ein Platzerl dabei.

Früher - wir vergessen nichts - hing hier noch das unselige Schild „Brotzeit mitbringen verboten". Dieses Stück Unkultur ist nun Gott sei Dank verschwunden und so präsentiert sich der Bartewirt als ein schöner Ausflugsbiergarten, ideal als Radlerziel oder nach einer Bergtour am Tegern- oder Achensee.

Dass der Wirt „bayrisch-österreichische Küche" anbietet, befremdet uns. Den Mischmasch kennen wir auch schon aus der Schlossgaststätte Leutstetten. Trotzdem dürfen wir es uns beim Bartewirt einfach bayerisch wohl sein lassen, die deftigen Portionen und das Arcosche Kellerbier lassen grüßen.

GRAF ARCO

83626 Valley/Kreuzstraße, Gruberstraße 1
Tel. 08024-77 81, www.bartewirt.de

Wann:
Mo-Fr 17 - 22.30 Uhr
Sa/So 10 - 22 Uhr

MVV:
S6 Kreuzstraße (600 m entfernt)

Rad:
Radweg an der Mangfall (siehe Tipp)
7 km Aying (138)

Parken:
P ausreichend am Biergarten

Sitzplätze:
450; durchweg Holzgarnituren

Essen:
Deftige Küche in großen Portionen; Salatbuffet

Kinder:
Neuer Spielplatz, gut einsehbar

Plus:
Gute Küche

Minus:
Schwerverkehr nahebei

Fazit:
Angenehmer Ausflugsbiergarten mit guter S-Bahn-Anbindung trotz Outback-Lage

136 Unser Tipp:

Mangfallera!
Im Frühtau zur Mangfall hinab - die nahe S-Bahnstation Kreuzstraße macht's auch Sonntagsradlern möglich: Vom Bahnhof den mythischen Teufelsgraben entlang, dann über Wiesen bis Grub und das Sträßlein steil zum Mangfall-Tal hinab, der Trinkwasserquelle Münchens. Am Flüsschen angekommen bieten sich diverse Möglichkeiten. Wie wär's mit einem Abstecher zum Schloss Valley mit dem Orgelmuseum von Dr. Sixtus Lampl? In überschaubarer Distanz zum Biergarten gelegen, bietet sich die Strecke auch als Wanderausflug an.

Liebhard's Bräustüberl zu Aying

Ein herrlicher Brauereibiergarten an einem Bilderbuch-Dorfplatz. Mit Maibaum, Denkmal, Gasthof, und über alles ragt der Zwiebelturm. Leider parken hier auch die Autos, die trotz der südlichen Lage ein überraschend nördliches Publikum herankarren. Eng zusammenrücken müssen wir ohnehin, den Weg zur Völkerverständigung finden wir über das süffige Bier. Besonders zu empfehlen ist das ungefilterte Dunkle direkt aus dem Lagerkeller.

Das Bräustüberl ist nach Johann Liebhard benannt, dem Urgroßvater des jetzigen Bräu *Franz Inselkammer*. Liebhard ließ im Jahr 1877 die Brauerei erbauen, die heute den Namen Aying in die weite Welt trägt.

85653 Aying, Münchener Straße 2
Tel. (08095) 13 45, www.liebhards-aying.de

Wann:
SB wochentags bei sicherem Wetter ca. 17 - 22 Uhr, Wochenende ab 10.30 Uhr

MVV:
S 6 Aying, 400 m zu Fuß

Rad:
16 km Kreitmair (98)
19 km Leiberheim (96)

Parken:
Relativ knapp am Dorfplatz, am Wochenende schon mal überfüllt

Sitzplätze:
600; durchweg Holztische

Essen:
Preiswert, manchmal Warteschlange; Salatbuffet; Schmankerl: Schweinshaxn

Kinder:
Winziger Spielplatz, gut einsehbar

Plus:
Preiswertes, süffiges Bier, schöne Umgebung

Minus:
Kaum Platz für Kinder

Fazit:
Griabiger Brauereibiergarten im Bilderbuchdorf

138 Unser Tipp:

B(r)aumeisterlich
Besuchen Sie mal die Brauerei am Ortsrand von Aying. Eine wirklich gelungene Mischung von hochmoderner Technik und dörflicher Bauweise. Mit viel Glas und Lärchenholz, mit Satteldach und Torbogenfenstern ist den Ayingern ein wirklich glasklares ländliches Ökonomiegebäude gelungen. Und das ohne jede Anbiederung an den sonst ach so beliebten Jodlerbarock.

Forsthaus St. Hubertus

Der bekanntere unter den beiden Prachtbiergärten im Ebersberger Forst, wie geschaffen für einen Waldspaziergang von einem zum anderen. Weit öffnet sich die Lichtung ums Forsthaus, bietet Platz für Wiesen, den Biergarten und einem geräumigen Abenteuerspielplatz. Kinder haben hier noch mehr Auslauf als in der *Sauschütt* (142), doch ist der Forsthausgarten nicht ganz so urig und schattig wie der Nachbar.

Unter der Woche wirds kaum je voll hier, und dann sind die Vogelstimmen das lauteste, was man hören kann. Autos, die sich über die Schotterpiste von Ebersberg herüberquälen, verstecken sich gnädig weiter hinten. Sie stören die himmlische Ruhe nicht. Dafür gibt es eine Pferdeanbindestation wie vorm Cowboy-Saloon. Im Winter lockt ein Christkindlmarkt geländegängige Wanderer.

So tief im Wald würde es uns nicht wundern, wenn zu später Stunde noch der *Räuber Hotzenplotz* hereinpolterte und sich einen *Wildsautropfen* genehmigte!

85560 Ebersberg, im Ebersberger Forst
Tel. (08092) 85 22 00

Wann:
Täglich 11 - 23 Uhr

MVV:
S 4 Ebersberg, Bus 446

Rad:
5 km Hohenlindener Sauschütt (142)

Parken:
Zufahrt von Ebersberg Richtung Markt Schwaben, dann links nach Anzing, z.T. Schotterstraße, großer P

Sitzplätze:
400; z.T. Holzgarnituren

Essen:
Spezialität Saisongerichte, z.B. mit Hollerkiache oder frischen Parasolpilzen

Kinder:
Großer Abenteuer-Spielplatz, gut einsehbar, Wald, Wiesen

Plus:
Idyllisch mitten im Wald, Ruhe, Platz

Fazit:
Wunderschöne Waldschenke in himmlischer Ruhe

140 Unser Tipp:

Stramme Radtour
Aus Richtung München geht's per Rad an der B 304 entlang bis Eglharting, wo wir nördlich in den riesigen Ebersberger Forst abschwenken. Säuberlich sind die Waldwege im Karree ausgerichtet, und so erreichen wir im Zickzack übers Forsthaus Diana (keine Bewirtung) das Forsthaus St. Hubertus. Von hier aus gehen mehrere Radwege, einer führt uns Richtung Nordwesten zum Biergarten *Sauschütt* (142).

Hohenlindener Sauschütt

Eine Perle unter Wildsäuen: Mitten im Ebersberger Forst mit seinen Schwarzkitteln liegt schattig, einsam, verwunschen dieser Märchengarten mit einem Gasthaus im Hexenhäuslformat. Fragen Sie mal die Kenner der Münchner Maßkrugszene, ob sie schon mal von der Sauschütt gehört haben? Nix haben die gehört, das versprechen wir.

Dabei könnt's gar nicht schöner sein, ein Waldgarten wie aus dem Bilderbuch. Schad bloß, dass es unter den Linden nur noch Garnituren gibt statt der alten festen Tische. Darauf schlucken wir ein Schwarzbier vom Wildbräu!

Übrigens: Die Wirtsleut zapfen Ihnen auch dann eine Maß, wenn Sie als einziger Gast kommen.

Seit 1616 WILDBRÄU GRAFING

85664 Hohenlinden, Sauschütt 1, im Ebersberger Forst
Tel. (08124) 71 07

Wann:
ca. 10 - 23 Uhr; Mo, Di Ruhetag, aber bei schönem Wetter im Sommer geöffnet

MVV:
S 4 Ebersberg, S 6 Erding, Bus 445 Sauschütt Ost (nicht am Wochenende)

Rad:
3 km von Hohenlinden
5 km Forsthaus St. Hubertus (140)

Parken:
P beschilderte Zufahrt von der Straße Hohenlinden-Ebersberg

Sitzplätze:
600; meist Holzgarnituren

Essen:
Eigene Metzgerei, Wild aus dem Ebersberger Forst

Kinder:
Spielplatz, gut einsehbar, Wald, Wildgehege mit Streichelzoo

Plus:
Einsame Lage im Wald, schattig, „Geheimtipp"

Fazit:
Traumhafter Waldbiergarten

142 Unser Tipp:

Unter Wildsäuen
Gleich am Biergarten gibt es mehrere Wildgehege, etwas nördlich liegen die Reste einer Römerstraße im Waldboden. Zum *Forsthaus St. Hubertus* (140) von der Sauschütt die Zubringerstraße erst geradeaus weiter, am Kapell-Geräumt links. Dann über den Hohenlindner-Geräumt geradeaus zum Forsthaus. Oder wie wär's mit dem Walderlebnispfad über drei sogar rollstuhlgeeignete Kilometer?

Gasthof Grub

Direkt an der S-Bahnstation von Grub erwartet uns dieser idyllische Biergarten mit seinem dichten Kastaniendach. Von der Straße dringt zwar Autolärm herüber, aber das vergessen wir bei der zweiten Maß.

Über 100 Jahre schon leistet das Wirtshaus Dienst am Gast. Viele Tische sind hier gedeckt, aber für 200 Gäste bleibt dennoch Platz zum Brotzeit mitbringen. Seit die neue zweite Schänke aufgemacht hat, heißt es hier „nie mehr auf Bier warten." Bierkenner schätzen das naturtrübe Sommerbier vom Hofbräu; für eine zünftige Grillparty empfehlen wir die Biergarten-Hütte, siehe Tipp.

MÜNCHEN

85586 Poing-Grub, Parsdorfer Straße 5
Tel. 9 03 23 36, www.gasthof-grub.biergarten.info

Wann:
Täglich 11 - 23 Uhr

MVV:
S 2 Grub, direkt am Bahnhof

Rad:
12 km Sauschütt (142)
7 km Heimstettener See (100)

Parken:
Großer P vorhanden

Sitzplätze:
650; davon 200 zum Brotzeit mitbringen

Essen:
Spezialität: Schweinshaxn, ansonsten übliche Auswahl

Kinder:
Schöner Spielplatz direkt am Biergarten

Plus:
Idyllische Lage unterm Kastaniendach

Minus:
Viele gedeckte Tische; Straßenlärm

Fazit:
S-Bahn und autonahes Land-Idyll

144 Unser Tipp:

Auf geht's zum Grillfest
Ein Grillfest drinnen?
Ja, in der urigen Hütte des Biergartens. Der Wirt liefert die Kohle, die Getränke und heizt den Grill an. Was auf dem Grill liegt, das können Sie mitbringen. Und das Schönste: Niemand wirft Sie um elf hinaus, im Gegenteil, es darf schon mal bis zur Morgendämmerung hoch hergehen.

Schlossallee Haag

Hoch droben im finstren Norden, zwischen Freising und Moosburg, liegt ganz unvermutet dieser herrliche Riesenbiergarten, einer der schönsten von allen. Treten Sie ein und wandeln Sie die Allee den Hang hinab, links und rechts von Unmengen trinkfester Bajuwaren gesäumt. Die sitzen längst bei einer Maß *Jägerbier* aus dem Steinkrug.

Die Essensbuden betreiben die örtlichen Gschäftsleut, der Bäcker macht die Brezn und der Metzger die Hendln. Sogar einen Glückshafen gibt es noch.

Vor ein paar Jahren noch sperrte die Schloßallee nur am Wochenende auf, inzwischen dürfen wir dem Jägerbier alle Tag zusprechen. Am Wochenende spielt hier ab 15 Uhr noch eine zünftige Blasmusi auf, ja wo gibts denn des noch? Zum bayerisch-barocken Lebensgefühl passt das viel besser als der Dudel-Jazz anderer Biergärten.

HOFBRAUHAUS FREISING
Brautradition seit 1160

85410 Haag/Amper, Freisinger Straße 1
Tel. (08167) 3 50, www.biergarten-haag.de

Wann:
Täglich 15 - 23 Uhr;
Wochenende und feiertags schon ab 11 Uhr

Rad:
Von Freising 11 km über Zolling; 12 km Plantage (148)

Parken:
Großer P nebendran, kostenlos

Sitzplätze:
4000; meist festinstallierte Holztische

Essen:
große Essensauswahl;
Schmankerl: Das Jägerbier im Steinkrug aus dem Holzfass (früher in Haag gebraut);
am Wochenende Steckerlfisch

Kinder:
Viele Geräte, Hüpfburg, Kindereisenbahn, alles gut einsehbar, viel Auslauf

Plus:
Schöne Lage, Steinkrüge, alte Bäume, Blasmusik, Kinderparadies

Fazit:
Herrlich-zünftige Landpartie - ein Traum für jeden Biergartenfan!

146 Unser Tipp:

Bayern leuchtet
Nur noch in der Schloßallee und am Chinaturm spielt die Blasmusik, und die beiden Gärten bieten auch die schönsten Feste: Was dem Chinaturm sein Kocherlball, ist der Schloßallee ihr Lampionfest. Das steigt immer am ersten Samstag im Juli. Dann kriegt jeder Besucher einen Lampion in die Hand, den klemmt man an den Tisch und abends leuchten 4000 Lampions bunt den Hang hinunter - das schönste aller Biergartenbilder, unbandig!

Plantage!

Seit 1874 gibt es diesen traumhaften Waldbiergarten bei Freising, hochmodern sind Schankzentrum und Spielplatz.

Die Kinder jagen den 30 oder 40 freilaufenden Gänsen nach oder sie springen durch den wundervollenLaubwald, der sich am Hang über dem Biergarten hinaufzieht und zum Fangermandl einlädt. Eichen, Buchen und Ahorne gibt's also genug, auch sonst passt einfach alles!

Sonn- und feiertags gibt es von 12 bis 16 Uhr einen Frühschoppen mit Live-Musik aller Stilrichtungen. Ein Besuch des Biergartens mit Ausrufezeichen im Namen lohnt sich auch für unternehmungslustige Millionenstädter.

85354 Freising, Plantage 2
Tel. (08161) 6 31 55, www.plantage-freising.de

Wann:
Täglich 10 - 24 Uhr

MVV:
S 1 Freising

Rad/Auto:
Von Freising S-Bahn 3 km Richtung Haindlfing, dann Schild nach links zu Sportpark und Plantage
12 km Schlossallee Haag (146)
25 km Mühlenpark (104)

Parken:
Großer P

Sitzplätze:
1200; durchweg Holzgarnituren

Essen:
Gute Auswahl; Schmankerl: klassischer Obatzda; hervorragender, selbstgemachter Kartoffelsalat

Kinder:
Große Anlage, gut einsehbar; freilaufende Gänse

Plus:
Schönste Lage im Laubwald

Minus:
Pfand für Krüge

Fazit:
Bestnoten für diese Waldoase!

148 Unser Tipp:

Walderlebnis
Gleich am Parkplatz der Plantage beginnt der rund zwei Kilometer lange Walderlebnispfad mit dem Motto „Natur erleben mit allen Sinnen". Verirren Sie sich nicht im angeschlossenen „Waldlabyrinth" sonst finden Sie den Biergarten vor lauter Bäumen nicht.

Bräustüberl Weihenstephan

Die älteste Brauerei der Welt, seit 1040 in Betrieb, ist der Nabel der Bierwelt. Nach dem steilen Weg herauf schmeckt das Bier vorzüglich, vor allem der dunkle Korbinian-Bock (gibt's nicht immer) und die vier Weißbiersorten. Ganz Unerschrockene kosten vom Xan-Hefeweißbier, einem Wellness-Wohlfühlbier, das freilich nur aus der Flasche kommt. Vom Hügel blicken wir einerseits weit ins Land hinein, andererseits aufs Brauereigelände.

Heroben haben die Professoren und Studenten der Bierfakultät die schattigen Plätze eingenommen, dazu die Freisinger Lokalmatadoren. Angenehm ruhig ist es, statt Abgasen wehen höchstens Duftwolken aus der Mälzerei herüber. Im Bräustüberl wurde übrigens in der 30er Jahren der Obatzde geboren, so geht die Mär. Also: Was ein rechter Bayer ist, der muss mal hier gewesen sein - Ausreden gelten nicht!

SEIT 1040
BAYERISCHE STAATSBRAUEREI
Weihenstephan
ÄLTESTE BRAUEREI DER WELT

85354 Freising-Weihenstephan
Weihenstephaner Berg 10, Tel. (08161) 1 30 04
www.braeustueberl-weihenstephan.de

Wann:
Täglich von 10 – 24 Uhr

MVV:
S1 Freising, denn 20 Minuten zu Fuß oder Bus 614, 615, 638

Rad:
3 km Plantage (148)
10 km Schloßallee Haag (146)
23 km Mühlenpark (104), über Isarradweg

Parken:
P vorhanden

Sitzplätze:
500; durchweg Holztische

Essen:
Übliche Auswahl; Reherl mit Semmelknödel; Geburtsort des Obatzdn

Kinder:
Kein Spielplatz

Plus:
Historie, Lage auf dem Hügel, viele Biersorten

Minus:
Kein Spielplatz

Fazit:
Schöner Garten mit Brauerei-anschluss auf historischem Boden

150 Unser Tipp:

Die Freisinger Altstadt
Durch Jahrhunderte war Freising die Rivalin Münchens. Die Kraft des Glaubens und die Macht des Bistums spiegeln sich in der Domkirche, der die Brüder *Asam* ihren unvergleichlichen Stempel aufdrückten.
Der Domberg und die Altstadt rund um den Marienplatz machen Freising zu einem oberbayerischen Juwel. Wer sich für die Geschichte des Biers interessiert, sollte eine Brauerei-Besichtigung einplanen.
Näheres unter www.weihenstephan.de

Landgasthof Alter Wirt

Ein stattliches Wirtshaus an der Hauptstraße der Stadt Unterschleißheim: Seit 1578 soll der Alte Wirt bestehen, seit 1923 in der heutigen Gestalt. Einen eigenen Ballsaal hat der Alte Wirt und ein Musikzimmer. Zwischen denkmalgeschütztem Wirtshaus und der alten St. Ulrich Kirche liegt der gemütliche Biergarten mit Hofcharakter.

Die Schänke ist stilecht; Brotzeitbuden gibt es aber nicht. Alles Essen kommt also aus dem Wirtshaus selbst.

Schade, dass es für die Kinder nur einen Sandkasten gibt.

J. W.
Augustiner-
Bräu München
gegründet 1328

85716 Unterschleißheim, Hauptstraße 36
Tel. 37 07 34-0, www.alterwirt-ush.de

Wann:
Täglich von 17 – 23 Uhr

MVV:
S1 Unterschleißheim, 3 Min. zu Fuß

Rad:
3 km Bergl (106)
4,7 km Oberschleißheim (108)

Parken:
Ausreichend P im Hof

Taxi:
5 Min. entfernt beim IAZ

Sitzplätze:
300; meist Holzgarniturenn

Essen:
Reichhaltige Auswahl,
z.B. niederbayerischer Knödelsalat mit Regensburgern

Kinder:
Nur Sandkasten, gut einsehbar

Plus:
Schöner Hofcharakter unterm Kirchturm

Minus:
Keine Brotzeitstandl

Fazit:
Angenehmer Dorfbiergarten

152 Unser Tipp:

Kleine Badefreuden
Zwei Badeseen tragen Schleißheim im Namen: Zunächst der Unterschleißheimer See, mit Beachvolleyball, kinderfreundlichem Sandstrand und Seewirt. Wegen des nahen Naturschutzgebietes sind Hunde hier verboten.
Interessant ist der Oberschleißheimer See, nur 200 Meter von der Regattastrecke entfernt, auf der 1972 die olympischen Ruderwettbewerbe ausgetragen wurden. Wer direkt im Regattasee plantscht, bitte auf pfeilschnelle Achter vom angeschlossenen Leistungszentrum aufpassen.

Schlosswirtschaft Mariabrunn

Natur, Kirche, Brauerei, Ruhe - das sind die stärksten Eindrücke von diesem Traumbiergarten am Waldrand mit angeschlossener Brauerei. Schon die Anfahrt über die Allee und hinein in den weiten, alten Hof ist stark. Er diente schon als Filmkulisse. Das Bier „nach herkömmlicher Art“ schmeckt vorzüglich.

Riesenkastanien schirmen die Holztische. Herrlich auch die Aussicht: Vom Hügel hinterm Biergarten noch 300 Meter weiter bis zu einem schattigen Bankerl gegangen, öffnet sich der Blick auf weites Bauernland, München, Berge. Stark!

85244 Röhrmoos, Gut Mariabrunn 3
Tel. (08139) 86 61, www.schlosswirtschaft-mariabrunn.de

Wann:
Täglich 12 - 23 Uhr,
Wochenende und feiertags
schon ab 11 Uhr

MVV:
S2 Röhrmoos

Rad:
8 km Bräustüberl Dachau (197)
10 km Oberschleißheim (108)

Parken:
Ausreichend

Sitzplätze:
800; meist fest installierte
Holztische

Essen:
Wechselnde Brotzeiten, von
der Bedienung oder selber
mitbringen. Spezialität:
Mariabrunner Braten;
manchmal Steckerlfisch

Kinder:
Großer Spielplatz, z.T. einsehbar,
viel Auslauf

Plus:
Schönste Lage, sehr ruhig, urig

Minus:
Pfand auf Gläser und Krüge

Fazit:
Einer der schönsten
aller Biergärten

154 Unser Tipp:

Bayerisch-Italien
Im Jahr 1662 wurde *Georg Schlairböck*, als er von einer Quelle im Wald trank, ganz wundersam von seinem Gebrechen geheilt. Die barocke Wallfahrtskirche wurde errichtet, die den Biergarten überragt. Sie wirkt so italienisch im bayerisch-ländlichen Brauereihof - und es passt ganz famos zusammen!

Räuber-Kneißl-Garten

Ein ganz ein verruchter Mörder soll er gewesen sein, der Räuber *Kneißl* mit seinem Schießgewehr (s. Tipp). Und heutzutag trinkt man in seinem Garten Bier, am besten das Kneißl-Dunkle, nebenan frisch gebraut.

Geben Sie beim Anmarsch nicht schon an der Handvoll Freilufttische des Bräustüberls auf, gehen Sie noch über den Brauereihof zum versteckten Biergarten. Hier läßt sich ein ruhiger Abend verbringen. Für die Männerleut gibt's zum Austreten eine Art Vogelhäuserl, die Dirndl müssen sich hinüber zum Bräustüberl bequemen. Ab und zu bietet der Musik wie zum Beispiel einen Hoagascht.

Nicht vergessen: das Räuber-Kneißl-Museum im Keller des Wirtshauses mit vielen Originalstücken.

BRAUEREI MAISACH

PRIVATBRAUEREI J. SEDLMAYR

82216 Maisach, Hauptstraße 24

Tel (08141) 9 42 10, www.braeustueberl-maisach.de

Wann:
Wochentags ca. 16 - 22.30 Uhr, Wochenende und feiertags ab 11 Uhr

MVV:
S 4 Maisach

Rad:
4 km Brauhaus Bruck (158)

Parken:
P an der Brauerei

Sitzplätze:
350; fest installierte Holztische

Essen:
Übliche Auswahl, knuspriges Hendl

Kinder:
Schöner Spielplatz, gut einsehbar

Plus:
Brauereibiergarten, süffiges Kneißl-Dunkel, naturtrübes Kellerbier

Minus:
Weiter Toilettenweg für Frauen

Fazit:
Idyllischer Dorfbiergarten

156 Unser Tipp:

Der Räuber Kneißl
Mathias Kneißl, Räuber, Mörder und Volksheld, geboren 1875 in Unterweikertshofen nördlich von Maisach und aufgewachsen in der Schachermühle bei Sulzemoos, erschoss 1900 in Irchenbrunn bei Altomünster zwei Gendarmen. Er tauchte in den Wäldern rund um Maisach unter und avancierte zum bayerischen Robin Hood. *„Kneißl"* hieß das Motto vieler Bälle im Fasching 1901, bevor er in Geiselhausen gefasst wurde. Zur Henkersmahlzeit schluckte er sechs Maß Bier.

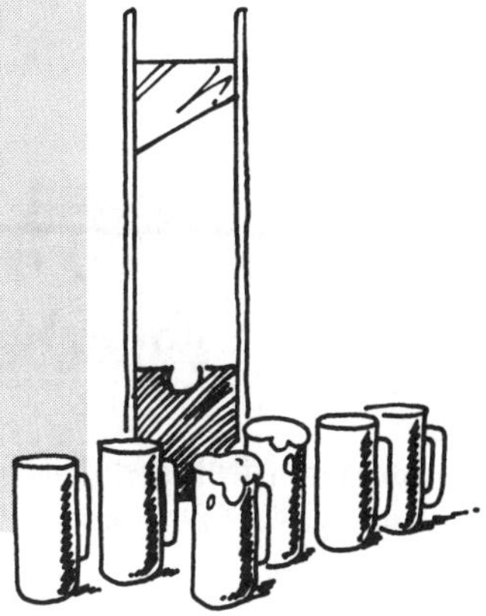

Brauhaus Bruck

Ausserhalb seines Heimatorts wenig bekannt ist dieser historische Biergarten, angelegt bereits 1840 als „Sommerbier-Keller des Marthabräu". Und *Marthabräukeller* hieß der Garten früher, firmiert jetzt aber unter dem Namen *Brauhaus Bruck*. Hier wird das königliche Kaltenberg-Bier gebraut, nur das König-Ludwig-Dunkle und das dunkle Weißbier kommen noch aus Schloß Kaltenberg selbst.

Den „Seitensprung" nach Fürstenfeldbruck propagiert die selbsternannte Schlossbrauerei nicht so gerne und deshalb fehlt hier auch der ganze Zinnober, der in Kaltenberg veranstaltet wird. Das tut dem Biergarten nur gut, das Publikum ist einheimisch, die Preise sehr zivil. Von 14 - 17 Uhr gibt's die Maß zum Sonderpreis.

Schade nur, dass die Autos kaum einen Meter vom Biertisch parken.

Kaltenberg
BIER VON KÖNIGLICHER HOHEIT

82256 Fürstenfeldbruck, Augsburgerstraße 41
(Eingang: Marthabräustraße), Tel. (08141) 2 54 90

Wann:
Täglich 10 - 23 Uhr

MVV:
S 8 Fürstenfeldbruck,
Bus 838/839 Kapellenstraße

Rad:
Vom Räuber-Kneißl Garten (156) über Bruckerstraße oder vom Alten Wirt Etterschlag (166) über Mauern, Schöngeising nach FFB (13 km)

Parken:
Großer P auf der Wiese gegenüber

Sitzplätze:
1100; meist fest installierte Holztische

Essen:
Übliche Auswahl; viele kleine, preiswerte Brotzeiten

Kinder:
Kleiner Spielplatz, gut einsehbar

Plus:
Schattig, preiswert, „Geheimtipp"

Minus:
Parken direkt am Zaun

Fazit:
Brauerei-Biergarten mit bodenständigen Preisen

158 Unser Tipp:

Festsaison
Am Brucker Brauhaus steigen gleich zwei größere Volksfeste im Biergartenjahr: Anfang Mai das Frühlingsfest und Anfang Juli das Volksfest, das gleich zehn Tage lang dauert. Aus ist's dann mit der Ruhe, hier steppt der Brucker Bär! Leider entfällt dann auch die große Parkmöglichkeit auf der Festwiese.

Fürstenfelder

Der Biergarten im Kloster Fürstenfeld hat seit Sommer 2002 geöffnet. Hier sitzen wir unter einem Riesenbaum und einigen halbstarken Exemplaren und genießen den freien Blick aufs Kloster Fürstenfeld mit schönstem bayerischen Barock (siehe Tipp).

Viel weniger überlaufen ist's als im Kloster Andechs. Es gibt ja auch kein selbstgebrautes Bier, schon mangels Mönchen, denn das Kloster ist nicht mehr in Betrieb. Dafür können wir unter diversen Biersorten wählen. Schön, dass Bier und Klosterbau wieder zusammengefunden haben!

Ruhig ist es hier im weiten Klosterareal. Nur sonntags erklingt öfter mal Live-Musik. Es gibt zuweilen auch einen mittelalterlichen Markt.

82256 Fürstenfeldbruck, Fürstenfeld 15
Tel. (08141) 6 66 54 00, www.fuerstenfelder.com

Wann:
Täglich 17 – 23 Uhr, Wochenende schon ab 11 Uhr

MVV:
S8 Fürstenfeldbruck, Bus 845 Fürstenfeld, dann 1,5 km zu Fuß

Rad:
1,5 km Brauhaus Bruck (158)
8 km Wallner's (164)
10 km Dampfschiff (162)

Parken:
Großer P anbei

Sitzplätze:
500; großteils Holz

Essen:
Viel Bio wie Ökofleisch von Bioland, Spezialität: Bayerische gerollte, gefüllte Pfannkuchen, hausgemachte Bratensülz

Kinder:
Spielplatz, eingezäunt, aber schlecht einsehbar, große Spielwiese

Plus:
Lage am Kloster

Minus:
Bäume müssen noch wachsen

Fazit:
Neuer, schöner Garten in historischer Anlage

160 Unser Tipp:

Kloster Fürstenfeld
Im Jahr 1256 verdächtigte Bayernherzog *Ludwig der Strenge* seine Gemahlin der Untreue und betrieb die Schnellscheidung mit dem Schwerte. Zur Sühne für die vorschnelle Tat stellte uns der Halsabschneider das Kloster Fürstenfeld hin, das heute mit seiner Barockkirche glänzt, einem 80 Meter langen Monumentalbau mit prächtigen Innereien unter anderem von den Gebrüdern *Asam*. Das Kloster selbst ist nicht zugänglich.

Dampfschiff

Ein kleiner Biergarten in herrlicher Lage an der Amper bei Grafrath. Gleich hinter der hölzernen Gartenterasse wird's hier richtig zünftig.

Dort befand sich seit 1880 die Anlegestelle eines Dampfschiffs - daher der Name. Damals gab es keine Bahnlinie nach Herrsching und so strömten die Münchner Ausflügler vom Bahnhof Grafrath zur Amper, um sich von hier das Stückchen zum Ammersee nach Stegen schippern zu lassen. Ausflüge machen bekanntlich durschtig und so eröffnete schon damals das Wirtshaus zum Dampfschiff. Das währte bis 1939, dann wurde die Ausflugslinie eingestellt, der Biergarten verdämmerte.

Seit ein paar Jahren hat der Wirt den Laden wieder hochgebracht - eine schöne Station auf dem Weg zum oder vom Ammersee. Sonntags spielt zum Frühschoppen eine Jazz-Kapelle.

LÖWENBRÄU

82284 Grafrath, Graf-Rasso-Straße 40
Tel. (08144) 13 14, www.dampfschiff.com

Wann:
Täglich 16 - 23 Uhr,
Wochenende und feiertags schon ab 11 Uhr

MVV:
S8 Grafrath, 1 km vom Bahnhof

Rad:
8 km Seehaus Schreyegg (168)
6 km Alter Wirt Etterschlag (166)
10 km Schloss Fürstenfeld (160)

Taxi:
Funktaxi in Grafrath

Parken:
Ausreichend P am Biergarten

Sitzplätze:
400; fast durchweg fest installierte Holzgarnituren

Essen:
Übliche Auswahl; zu empfehlen: Spare Ribs

Kinder:
Großer Spielplatz in schöner Lage, gut einsehbar

Plus:
Schöne Lage, einmalige Historie, günstige Preise

Minus:
Alles beschirmt

Fazit:
Schönes, längst vergessenes Stück „Heimatkunde"

162 Unser Tipp:

Auf Mooskuhs Spuren
Das Dampfschiff von Grafrath zum Ammersee nannte man scherzhaft „Mooskuh", weil das Schiff durchs Ampermoos fuhr. Heute haben wir keine Mooskuh mehr, wir müssen schon selber strampeln. Am besten mit der S4 nach Grafrath, dann geht es per Rad übers Dampfschiff und weiter an der Amper entlang auf Radweg und Straße via Eching nach Stegen am Ammersee mit Badegelände und dem nächsten Biergarten (168). Wer noch Kraft hat, fährt weiter zur S5 nach Herrsching.

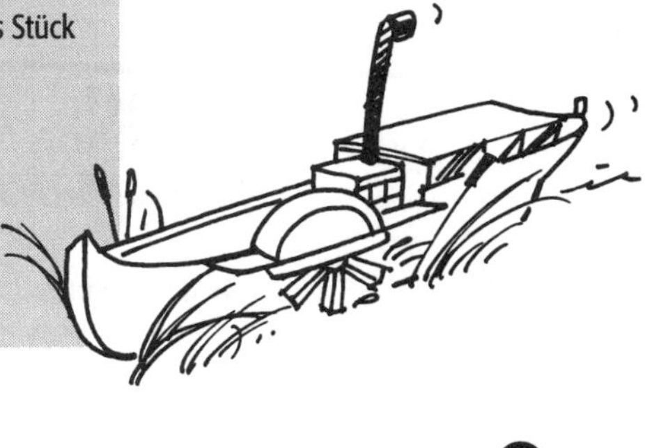

Wallner's

In der Biergarten-Diaspora zwischen Germering, Gauting und Seefeld liegt als einziger Lichtblick Wallner's Biergarten, die Bahnhofswirtschaft von Gilching. Tagsüber ist hier Verkehr angesagt, Menschen und Autos strömen zur S-Bahn und durch die Gilchinger Shopping-(M)Eile.

Abends wird es schon ruhiger. Dann schauen die Besucher des nahen Kinos auf eine Maß vor oder nach dem Film vorbei.

Insgesamt ein angenehmer Biergarten ohne Besonderheiten, den man an dieser Stelle gar nicht erwarten würde.

LÖWENBRÄU

82205 Gilching, Römerstraße 11
Tel. (08105) 77 68 77, www.wallners.com

Wann:
Täglich 10 - 23 Uhr

MVV:
S 5 Gilching-Argelsried, direkt am Bahnhof

Rad:
8 km Alter Wirt Etterschlag (166)
10 km Kraillinger Brauerei (122)

Parken:
P am Bahnhof

Taxi:
Am Bahnhof oder es wird gerufen

Sitzplätze:
380; durchweg Holztische

Essen:
Übliche Auswahl, riesige Steckerlfische

Kinder:
Spielplatz, gut einsehbar

Plus:
Direkter S-Bahn-Anschluss

Minus:
Einkaufsverkehr ringsrum, viele Schirme

Fazit:
Nachbarschaftsbiergarten auch für Kinogänger

164 Unser Tipp:

Pilgerfahrt per Pedal
Wer nicht im Gilchinger Kinosessel festsitzen will, dem sei eine schöne Rad- und Wirtsgartentour empfohlen: Von Gilching über Argelsried nach Unterbrunn (Gasthaus Böck, lohnend), hier kurz Richtung Weßling, vorher aber links nach Hochstadt abbiegen und über Unering (Wirtshaus Schreyegg mit schönem Garten) nach Frieding und *Andechs* (180). Stramme 25 km, wohl bekomm's!

Alter Wirt Etterschlag

Viele Münchner kennen Etterschlag noch als lästigen Ampelhalt unterwegs zu Ammer- oder Bodensee. Durch den Autobahntunnel ist das Bauerndorf Etterschlag von der Blechlawine befreit. Der Wirt hat die alte Ampel, den Schrecken der Reisenden, in den Garten gestellt.

Köstlich das kühle Kastaniendach nach dem Gifthauch der Straße, ein richtiger Dorfbiergarten mit festen Holzbänken und einem kleinem Spielplatz. Wochentags öffnen die Buden erst ab 17 Uhr, wer eher kommt, holt sich das Bier drinnen oder lässt sich auf der Terrasse ein preiswertes „Handwerker-Essen" servieren. Alle Fleischgerichte sind erste Wahl, der Wirt ist schließlich Metzger. Weltklasse aber sind die Spare Ribs, die müssen Sie einfach probieren! Wenn die Biergarten-Ampel auf grün springt, ist die nächste Lage Ribs fertig!

82237 Etterschlag, Inninger Straße 6
Tel. (08153) 82 82, www.alter-wirt-etterschlag.de

Wann:
Täglich 17 - 23 Uhr,
Wochenende schon ab 12 Uhr

MVV:
S 5 Gilching-Argelsried, Herrsching, dann Bus 952 Etterschlag

Rad:
Von Weßling (S 5) kleine Straße und Radweg an der B 12;
6 km Dampfschiff (162)
6 km Seehaus Schreyegg (168)
10,5 km SeePost (172)
13,5 km Alte Villa (174)

Parken:
Vor dem Haus, sonst auf der Straße; Anfahrt von der Lindauer Autobahn, Ausfahrt Wörthsee

Sitzplätze:
500; meist fest installierte Holztische

Essen:
Reichhaltiges Angebot; exzellente Spare Ribs!

Kinder:
Spielplatz, gut einsehbar

Plus:
Sehr schattig, Lage im Bauerndorf

Minus:
Limo und Wasser im Plastikbecher

Fazit:
Schöner Dorfbiergarten mit gutem Essen

166 Unser Tipp:

Zum Wörthsee
Ein Schild in Etterschlag weist die drei Kilometer nach Steinebach am Wörthsee, einem der wärmsten Badeseen Bayerns. Das Ufer zwischen Steinebach und Walchstadt ist am schönsten bei Föhn, wenn die Alpen direkt aus dem See zu wachsen scheinen. Auf der anderen Seeseite empfiehlt sich der Badesteg beim Zeltplatz von Günterring oder noch weiter das große Badegelände.

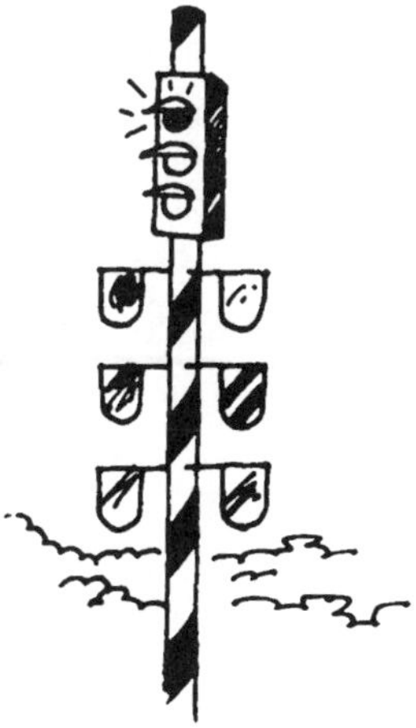

Seehaus Schreyegg

Innen ein nobles Lokal, draußen aber ein bodenständiger Biergarten ohne Besonderheiten, wenn da nicht die Lage wäre: Wie bei seinem Münchner Pendant stehen die Tische vom Seehaus direkt am Ufer. Vom Nordende des Ammersees geht der Blick übers Wasser bis weit hinein in die Berge. Der Schondorfer Zwiebelturm grüßt herüber, ansonsten Grün soweit das Auge reicht.

Selbstbediener finden am „Fenster zum See" seitlich am Restaurant Verköstigung. Geheimtipp ist der Steirische Wurstsalat.

Obwohl die Lindauer Autobahn gleich in der Nähe vorüberrauscht, erreicht man Stegen besser auf schönen Rad- und Wanderwegen von Steinebach am Wörthsee über Inning oder von Grafrath über Eching.

82266 Stegen am Ammersee, Landsberger Straße 78
Tel. (08143) 99 25 37, www.seehaus-schreyegg.com

Wann:
Täglich 10 - 23 Uhr

MVV:
S8 Grafrath; Bus 804 Stegen

Rad:
4,5 km SeePost (172)
6 km Dampfschiff (162)
6 km Alter Wirt Etterschlag (166)
7,5 km Alte Villa (174)
8,5 km Emminger Hof (170)

Parken:
Kleiner P vorhanden,
oder auf der Straße

Sitzplätze:
600; durchweg Holzgarnituren

Essen:
Übliche Brotzeiten;
Grillfleisch mit Kartoffelsalat;
Steirischer Wurstsalat

Kinder:
Kleiner Spielplatz,
gut einsehbar

Plus:
Blick über den ganzen See;
am späteren Abend sehr ruhig

Minus:
Schirme

Fazit:
Unscheinbare Einkehr in
Traumlage

168 Unser Tipp:

Per Dampfer zum Biergarten

Steht das Auto am Biergarten, trinkt man meist mehr als man darf, aber weniger als man will. Warum nicht gemütlicher vom S-Bahnhof Herrsching rechtshaltend zur Dampfer-Anlegestelle gehen und dann über den See nach Stegen zum Biergarten schippern?
Am Wochenende ist allemal Zeit dazu, die Kleinen freut's sowieso und die Großen, Hand aufs Herz, kaum weniger. Leider heißt es früh wieder aufbrechen, denn der letzte Dampfer zurück geht ziemlich früh.

Emminger Hof

Andechs kennt jeder, aber den Emminger Hof in der Erzabtei St. Ottilien? Dabei ist das der westlichste aller Biergärten und somit eine Art Missionsstation als bajuwarische Speerspitze gegen das Schwabenland.

Uralte Klosterbauten gibt es hier zwar nicht, die Abtei besteht erst seit gut 100 Jahren, doch das Areal ist weitläufig und lädt zu einem Spaziergang ein. Grandios ist der Blick vom Vorplatz der Abteikirche über die Klostergärtnerei ins Gebirg.

Der Biergarten selbst wirkt ziemlich neu; einwachsen muss sich noch alles - Klöster denken eben in anderen Zeiträumen als wir freizeitgestressten Schnappatmer. Gebraut wird hier leider nicht, man greift daher auf den Sud der Andechser Mitbrüder und der nahen Kaltenberger Königsfamilie zurück. Dafür werden hier Pferde getränkt, sagt der Wirt. Recht so, uns gfällt's!

86941 St. Ottilien
(08193) 52 38, www.emminger-hof.de

Wann:
Täglich 10 - 23 Uhr

MVV:
S 8 Geltendorf, 15 Min. zu Fuß; Halt der Bahnlinie Augsburg - Weilheim („schönster Bahnhof Bayerns")

Rad:
8,5 km Seehaus Schreyegg (168)
9 km SeePost (172)

Parken:
Großer P am Biergarten

Sitzplätze:
600; meist festinstallierte Holztische

Essen:
Große Auswahl im „Biergartenhaus"; Produkte vom Klostergut mit ökologischem Anbau

Kinder:
Großer, schattiger Spielplatz

Plus:
Schöne Lage im Klosterareal, günstige Preise

Minus:
Ein bisserl kahl ist's noch

Fazit:
Vorposten in einmaliger Umgebung

170 Unser Tipp:

Missionsmuseum
Das klösterliche Missionsmuseum zwischen Abteikirche und Klosterpforte wurde 1911 als „Afrikamuseum" eingerichtet und birgt allerlei Schätze aus dem weltweiten Wirken der Missionsbenediktiner wie naturwissenschaftlich-ethnologische Sammlungen aus Ostafrika, Zululand oder Fernost mit vielen präparierten Wildtieren. Sehenswert ist auch das afrikanische Tierpanorama. Geöffnet 10 - 17 Uhr.

SeePost

Wo früher die behäbige Schondorfer Postwirtschaft stand, öffnete 2005 die SeePost, direkt an Ammerseeufer und Dampfersteg. Ein Gewinn für die Biergartenszene! Auf halbem Weg zwischen den Klassikern Etterschlag (166) und Alte Villa (174) werden Radlern garantiert die Beine schwer: Bier, Brotzeit und Bergblick kann man nicht einfach links liegen lassen.

Was an einem historischen Wirtschaftsstandort nicht fehlen darf: Die Dorfkirche gleich nebenan. Besonders schön ist das abends, wenn der Kirchturm angestrahlt wird.

Weil die SeePost so neu ist, ist sie tendenziell auch überrestauriert. Dafür entschädigen aber allemal die traumhafte Lage und die alteingewachsenen Bäume. Lang hat die SeePost abends auf, sehr lang sogar für einen Landbiergarten. Wer tagsüber kommt, mag den nahen Bootsverleih in Anspruch nehmen („Tretbadeboote") oder gleich den Ammerseedampfer, der uns via Herrsching an die S-Bahn anbindet.

Empfehlenswert ist die Post auch früh oder spät im Jahr, wenn sich die weiß überzuckerten Karwendelgipfel im See spiegeln.

LÖWENBRÄU

86938 Schondorf am Ammersee
Bahnhofstraße 2 (direkt am Dampfersteg)
Tel. 08192-93 37 53, www.seepost-ammersee.de

Wann:
Täglich 11 - 24 Uhr

MVV:
S 4 Geltendorf, dann Regionalbahn nach Schondorf
S 5 Herrsching, Dampfer nach Schondorf

Rad:
3 km Alte Villa (174)
4,5 km Seehaus Schreyegg (168)
9 km Emminger Hof (170)
10,5 km Alter Wirt Etterschlag (166)

Parken:
An der Straße, begrenzt

Sitzplätze:
450; überwiegend Holzgarnituren

Essen:
Moderne Brotzeitstandl; Tagesgericht

Kinder:
Kleiner Spielplatz im Biergarten, große Kogge gegenüber in den Seeanlagen

Plus:
Lage am See

Minus:
Auf den ersten Blick Restaurant-Charakter

Fazit:
Schöner Biergarten mit Fernblick an klassischer Stelle

172 Unser Tipp:

Jakobsweg
Neben Biergartenjüngern gibt's in Bayern auch noch richtige Pilger und für die ist die SeePost willkommene Einkehr auf dem Jakobsweg nach Santiago de Compostela in Spanien. Wem das zu weit ist, der richte seine Schritte in die uralte, romanische Jakobskirche gleich neben dem Biergarten. Dafür gibt's dann aber keinen Stempel wie für die richtigen Pilger, die sich die Zwischenstation im Biergarten bestätigen lassen können.

Alte Villa

Das Prädikat des westlichsten Biergartens überhaupt hat die Alte Villa inzwischen abtreten müssen, aber das nimmt ihr nicht den unbandigen Reiz: Wer aufs Ufermäuerchen steigt, blickt übers Schilf auf die Weite des Ammersees, und dahinter tut sich lichtblaues Gebirg auf.

Sonn- und feiertags, manchmal auch samstags lädt die Villa zum Jazz-Frühschoppen. Statt Eintritt wird die Maß dann 50 Cent teurer. Das Badegelände liegt gleich in der Nähe, und wenn es zu heiß wird, genießen wir die Holzbänke im Park umso mehr. Wie schön, dass die Bänke nicht im Karree ausgerichtet sind, sondern sich dem Gelände anpassen.

Ruhig, weitläufig und überaus schattig ist es hier, ein kleiner Teich erfreut das Auge. Die Brotzeiten sind preiswert, gar nicht zu vergleichen mit den Preisen des noblen Restaurants in der Villa selbst. Die Essensstandl werden auch bei Kaiserwetter mit dem Andrang fertig.

Kurz: Ein herrlicher, ein würdiger Vorposten im fernen Westen von Biergartenland!

Kaltenberg
BIER VON KÖNIGLICHER HOHEIT

86919 Utting am Ammersee, Seestraße 32
Tel. (08806) 6 17, www.alte-villa-utting.de

Wann:
Täglich 11 - 22.30 Uhr

MVV:
S 5 Herrsching, dann Dampfer

Rad:
Am See meist Straßen;
3 km SeePost (172)
7,5 km Seehaus Schreyegg (168)

Parken:
Zufahrt von der Straße zwischen Schondorf und Utting beschildert, P vor dem Campingplatz, 5 min zu Fuß

Sitzplätze:
800; durchweg Holztische

Essen:
Kalte Brotzeiten preiswert; Buden mit warmem Essen nach Andrang geöffnet; Freiluftgrill für Steaks, Spieße, Gemüse usw.

Kinder:
Spielplatz gut einsehbar, viel Auslauf

Plus:
Ruhe, viel Platz, idyllische Lage am See

Minus:
Bier wird bei Musik teurer

Fazit:
Bestnoten für diesen Ausflugsbiergarten!

174 Unser Tipp:

Haus Gasteiger

Am Ammersee, nicht weit vom Biergarten, liegt ein einzigartiges Ensemble des Münchner Jugendstils: Das Künstlerhaus am Seeufer, vom Künstlerpaar Gasteiger vor dem ersten Weltkrieg errichtet. Der Landschaftspark, heute zur Hälfte Badegelände, ist das ganze Jahr gratis zugänglich. Das Museum im Inneren bietet die originale Jugenstilausstattung sowie Gemälde und Skulpturen der beiden Gasteigers. Das Museum sperrt von April bis Oktober immer nur sonntags von 14 - 17 Uhr auf, der Eintritt beträgt 3 Euro, ermäßigt 2 Euro.

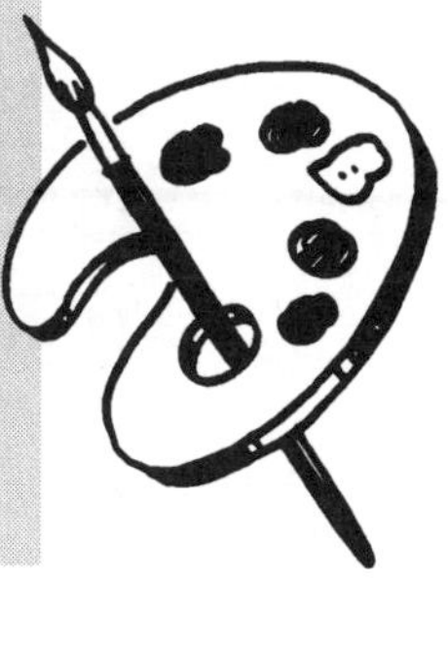

Seehof Herrsching

Ein Biergarten am Ammersee mit Postkartenblick und Landungsbrückenflair, wenn *Diessen* und *Herrsching* gleichzeitig festmachen. Die Seepromenade führt mitten durch den Biergarten. Zuweilen ignorieren auch Radler und Inline-Skater das Fahrverbot. Besonders am Wochenende wird es direkt am Dampfersteg sehr voll. Wohl wegen dieses Auftriebs knöpft uns der Wirt Pfand für Krüge und Teller ab. Dafür kann man dann ausgiebig Leut schaun.

Das Panorama sorgt für Ausflugsatmosphäre, der See oft für eine kühlende Brise. Nachmittags herrscht Kaffee-und-Kuchen-Publikum vor, abends spricht man dann lieber dem Urbock zu, den der Wirt im Steinkrug ausschenkt.

Im Winter stellt der Wirt Plastiktische auf, doch das verzeihen wir angesichts der Jahreszeit, Hauptsach' wir können an einem Föhntag im Biergarten sitzen.

MÜNCHEN

82211 Herrsching, Seestraße 58
Tel. (08152) 93 50, www.seehof-ammersee.de

Wann:
Selbstbedienung täglich
11 - 23 Uhr

MVV:
S 5 Herrsching

Rad:
1 km Post Herrsching (178)
5 km Andechs (180)
9 km Seehaus Schreyegg (168)

Parken
P vor und hinter dem Haus

Taxi:
2 Unternehmen in Herrsching

Sitzplätze:
600; großteils Holztische

Essen:
Hausgeräucherte Forelle.
Übliche Auswahl an kalten und warmen Speisen

Kinder:
Spielplatz am Haus, einsehbar

Plus:
Lage am See; viele Ausflugsmöglichkeiten

Minus:
Durchgangsweg führt durch den Biergarten, Sommerfrischler-Architektur

Fazit:
Ausflugsgarten mit Dampferanschluss

176 Unser Tipp:

Herrschinger Tanzlmusi
Am Wochenende bietet der Seehof am Nachmittag echte Tanzmusi, also nicht das Kuhglockengemoike aus dem Musikantenstadl, sondern echte Volksmusik von Musikanten aus dem Fünfseenland, dafür garantiert der Wirt *Peter Reichert*. Der steht schon mal abends auf dem Steg und trompetet *Wenn bei Capri die rote Sonne im Meer versinkt* in den Sonnenuntergang.

Zur Post Herrsching

Ein uralter Biergarten mit - wie es heißt - 400 Jahre alten Kastanien erwartet uns hier in Herrsching. Ein Oase mit herrlichem Blätterdach nach all dem Getümmel unten am See und oben in Andechs.

Wir kennen die Post noch als das Reich resoluter Bedienungen, und drum hatten wir den Garten auf dem Fußweg nach Andechs meist auch stracks durchquert. Inzwischen hat aber das Biergarten-Konzept gesiegt und wir bleiben gerne hier am rauschenden Kienbach hocken.
Die launigen „*Postnachrichten*“ auf der Speisekarte sind pfiffig gemacht. Amüsant ist's, den Leuten zu lauschen, die alles glauben, was die Schlawiner von der Redaktion geschrieben haben...

Der Hauspostille entnehmen wir auch, wann es hier Live-Musik gibt wie Blues, Jazz oder Rock'n'Roll.

Augustiner-Bräu München
gegründet 1328

82211 Herrsching, Andechsstraße 1
Tel. (08152) 92 26-0, www.zur-post-herrsching.de

Wann:
Täglich 16 – 23 Uhr
Wochenende und feiertags schon ab 12 Uhr

MVV:
S5 Herrsching, von dort in gut fünf Minuten am Fußweg Richtung Andechs

Rad:
1 km Seehof (176)
5 km Andechs (180), steil
9 km Seehaus Schreyegg (168)

Parken:
Eigener P und auf der Straße

Taxi:
Bahnhof Herrsching

Sitzplätze:
500; durchweg Holztische

Essen:
Übliche Auswahl; speziell: Nürnberger mit Kraut, Käsekrainer, Knödelsalat

Kinder:
Kein Spielplatz, aber direkt am Kienbach; alte Kutsche zum Spielen

Plus:
Ruhige Lage am Bach, alte Kastanien

Minus:
Großteils Brauerei-Bestuhlung, wenig Bierbänke

Fazit:
Schattige Rast im ältesten Biergarten weit und breit

178 Unser Tipp:

Durch die Todesschlucht
Herrsching bietet sich natürlich an für eine Schifferlfahrt auf dem Ammersee.
Genausogut können wir aber unseren Ranzen schnüren und in gut einer Stunde den Berg nach *Andechs* (180) erklimmen, eine wunderschöne Wanderung durchs wildromantische Kiental. Und wie das Bier dann erst schmeckt! Aber Vorsicht: Mancher allzu forsche Möchtegern-Alpinist hat seine Kühnheit bereits mit dem Todessturz in die dräuende Schlucht bezahlt.

Kloster Andechs Bräustüberl

Beschauliche Einkehr brauchen Sie hier nicht zu erwarten, dafür sorgen schon der Parkplatz und die vielen Busladungen aus nah und fern. Sind die Scharen einmal den steilen Berg hinauf, finden sie im geteerten Hofkarree Schatten unter den vielen Schirmen.

Die Essensausgabe ist perfekt durchrationalisiert, der Bergbock kommt aus dem Container, den berühmten Doppelbock gibt's im Sommer nicht mehr an den Wochenenden - der vielen Motorradler wegen.

Die Klosteroberen wollten Andechs aus seinem Herrgottswinkel herausholen und wieder zum Zentrum des geistigen und kulturellen Leben machen - diese Vorgabe von oben wurde teils übererfüllt. Und wie den Spagat schaffen zwischen mönchischer Askese und dem prallen bayerischen Leben? Das fragen wir uns auch bei einer knusprigen Schweinshaxn, einem dürftigen Kartoffelsalat und einer süffigen Maß.

82346 Erling-Andechs
Tel. (08152) 37 60, www.andechs.de

Wann:
Täglich 10 - 20.45 Uhr,
Ausschank bis 20 Uhr;
Karfreitag geschlossen

MVV:
S 5 Herrsching, Bus 951/956 vom Bahnhof, fährt selten, letzter Bus zurück gegen 18 Uhr

Rad:
Radweg (nicht ganz durchgehend) von Starnberg über Perchting (14 km)
5 km Zur Post Herrsching (178)
6 km Seehof Herrsching (176)
12 km Tutzinger Biergarten (186)

Parken:
Riesen P am Fuß des Klosterberges

Taxi:
2 Unternehmen in Herrsching

Sitzplätze:
2500; durchweg Holztische

Essen:
Übliche Auswahl. Gerühmte Haxn, Bergkäs, Qualität ansonsten mau

Kinder:
Großer Abenteuer-Spielplatz weiter unten am Klostergasthof, nicht einsehbar

Plus:
Herrliche Lage, zahlreiche Spaziergänge, stets offen, bestes Bier

Minus:
Am Wochenende oft überlaufen, keine Bäume im Hof

Fazit:
Karawanserei mit sagenhaftem Bier

180 Unser Tipp:

Biergarten im Winter!
Dies ist der einzige „Biergarten“, den wir weniger im Sommer als im Winter empfehlen, unter der Woche, möglichst bei grausligem Wetter, dann, wenn keine Busladungen, sondern nur die ganz Eingefleischten hier heraufkommen ins urgemütliche Bräustüberl und ihren Doppelbock schlürfen. Es ist auch drinnen erlaubt, die Brotzeit mitzubringen, eine Bedienung gibt's nicht, die hätte nur den Mönchen die Sinne betört. Das ist wie Biergarten im Wirtshaus!

Klostergasthof Andechs

Jeder ist schon vorbeigekommen, auf dem Weg nach ganz oben: Wer keine Lust hat dort oben im allzu sonnigen Innenhof mit Kantinenkost abgespeist zu werden, dem sei in halber Höhe, knapp rechts vom Weg der Hauptkarawanen, der viel kleinere, aber schattige Biergarten des Klostergasthofs empfohlen. Eine willkommene Erquickung, wenn uns angesichts des sakrisch steilen Aufstiegs der rechte Bergbock abgeht.

Allererste Wahl ist die Lachsforelle mit 19 Kräutern, Vergleichbares kennen wir aus keinem anderen Biergarten. Das Bier ist das Gleiche wie oben im Bräustüberl, aber der Wirt ist ein anderer.

Hier geht's beschaulicher zu und biergartiger ist es obendrein. Kastanien, Kies, Brotzeitstandl – das ist der eigentliche Biergarten von Andechs. Und das schönste dran: Wenn Leut da sind, hat der Biergarten viel länger auf als das Bräustüberl. Ausprobieren!

KLOSTER Andechs SEIT 1455

82346 Andechs, Bergstraße 9
Tel. (08152) 930 90, www.andechs.de

Wann:
Täglich 10 - max. 23 Uhr

MVV:
S 5 Herrsching, Bus 951/956 vom Bahnhof, fährt selten, letzter Bus zurück gegen 18 Uhr

Rad:
Radweg (nicht ganz durchgehend) von Starnberg über Perchting (14 km)
5 km Zur Post Herrsching (178)
6 km Seehof Herrsching (176)
12 km Tutzinger Biergarten (186)

Parken:
Riesen P am Fuß des Klosterberges

Taxi:
2 Unternehmen in Herrsching

Sitzplätze:
350; durchweg Holztische

Essen:
Übliche Auswahl; die Lachsforelle ist ein Genuss!

Kinder:
Schöner, großer Spielplatz gleich unterm Biergarten, kaum einsehbar; keine Autos

Plus:
Biergarten-Atmosphäre, Schatten von Kastanien, gutes Essen

Fazit:
Andechs etwas intimer

182 Unser Tipp:

Andechs Kultur
Genießen Sie den altbayrischen Dreiklang aus Bier, Musik und Kirchenkunst: Im Florianstadl, dem ehemaligen Brauereigebäude, steigen anspruchsvolle Konzerte einschließlich der Carmina Burana – Komponist *Carl Orff* liegt oben in der Klosterkirche begraben. Noch stimmungsvoller ist die Alte Bibliothek für kleinere Konzerte vom Harfenduo bis zur Frauenhofer Saitenmusik. Näheres unter www.andechs.de

Maisinger Seehof

Fast verloren im fetten Bauernland, weit weg vom Autoqualm, von Alltagssorgen, Freizeitstress, lädt dieses kleine Idyll zu einer Rast am Ufer des Maisinger Moorsees ein. Oben auf der Uferböschung stehen die Holztische, mit Licht und Schatten, ganz wie's gefällt. Unten tollen die Kinder am Bach, jagen durchs Schilf oder paddeln im warmen Seewasser. Großstadt ade, ringsum nichts als Felder, Weiden, Wälder. Das wissen auch die anderen Leute und drum wird es am Wochenende gerne voll.

In der ersten Auflage dieses Büchleins war der Seehof vertreten, dann hat der damalige Wirt doch glatt Schilder aufgehängt: Brotzeit mitbringen verboten! Das katapultierte den Biergarten hochkant aus der Wertung. Das traurige Kapitel Unkultur ist inzwischen vergessen, wir dürfen wieder die Brotzeit auspacken.

Wer mit dem Auto kommt ist selber schuld; viel besser schmeckt die Maß, nach einer Wanderung von Tutzing oder Andechs herüber. Der König-Ludwig-Weg führt direkt vorbei. Lieber einen Kniaschnackler eingfangt als bleifußkrank geworden!

82343 Maising-Pöcking, Seestraße 14 am Maisinger See
Tel. (08151) 74 42 42, www.maisingerseehof.de

Wann:
Von März bis Oktober täglich
10 - 22 Uhr, Montag Ruhetag

MVV:
S 6 Possenhofen,
Bus 962 Maising (Mo - Fr)

Rad:
9 km Tutzinger Biergarten (186),
10 km Andechs (180, 182)
10 km Obermühltal (126)

Parken:
Großer P anbei

Taxi:
Wirt ruft Taxi!

Sitzplätze:
450; durchweg Holztische

Essen:
Bestellungen werden frisch bereitet und ausgerufen, selbstgeräucherter Fisch

Kinder:
Spielplatz vorhanden;
Bach, Wald, See

Plus:
Lage am Seeufer,
kein Autolärm

Minus:
Am Wochenende oft voll

Fazit:
Ideale Sommerfrische im Herzen des Fünfseenlands

184 Unser Tipp:

Durch die Maisinger Schlucht

Tief hat sich der kleine Maisinger Bach in die Nagelfluhschichten der Eiszeit hineingesägt und uns damit einen wunderschönen Wandercanyon geschaffen, inklusive Höhlen und angrenzendem Standortübungsplatz. Von Starnberg der Straße Richtung Herrsching folgen, dann links ab in die schattige Schlucht. Am Bach auf oft feuchtem Wanderweg entlang bis Maising. Am anderen Ende des Dorfes auf dem Stichsträßlein zum Biergarten am See (90 min.)

Tutzinger Biergarten

Der Garten Eden auf einer kleinen Landzunge, nur durch den Uferweg vom Türkis des Starnberger Sees getrennt. Die leichte Brise macht auch heiße Tage erträglich, hinterm Haus liegt sowieso Badegelände. Herrlich der Blick aufs andere Ufer mit den behäbigen Dörfern, die sich die Hügel hinaufziehen. Dort drüben ist Oskar-Maria-Graf-Land, dort wurde er geboren und auf dem Friedhof von Aufkirchen liegt seine Familie begraben.

Im Restaurant im gleichen Haus wird groß aufgekocht, wir begnügen uns mit dem familiär wirkenden Biergarten, der früher auf den Namen *Zum Häring* hörte. Ideal ist die Uferlage zum Weißwurstfrühstück, denn vormittags spitzt die Sonne über den See her in den Biergarten.

Also: Traumblick genießen und Badehose nicht vergessen! Und wenn's mal kühler ist: Ein Stapel Decken liegt bereit, bedienen Sie sich!

J. W. Augustiner-Bräu München gegründet 1328

82327 Tutzing, Midgardstraße 3-5
Tel. (08158) 12 16, www.haering-wirtschaft.de

Wann:
Täglich 10 - 23 Uhr

MVV:
S 6 Tutzing, oder per Schiff von Starnberg

Rad:
Uferradweg Starnberger See; 12 km Andechs (180)

Parken:
Zufahrt von Straße Starnberg-Tutzing, nach Ortseingang Tutzing links; P am Haus

Sitzplätze:
250; durchweg Holztische

Essen:
Eigene Bäckerei; Spezialität des Hauses: selbstgemachter Obatzda. Viele Brotzeiten, Steckerlfisch, Weißwurstfrühstück

Kinder:
Bach, Badewiese, Abenteuerspielplatz mit Karussell, nicht einsehbar

Plus:
Direkt am See, schöner Blick, Badewiese

Minus:
Spielplatz nicht einsehbar

Fazit:
Traumlage an Münchens beliebtestem Ausflugsziel

186 Unser Tipp:

Ludwigs und Sissis Stelldichein
Die bayerischen Märchenmonarchen verband neben einer schwärmerischen Freundschaft auch der Starnberger See: Die spätere Kaiserin wuchs auf in Schloß Possenhofen (heute privat), auf der Roseninsel bei Feldafing (Fährdienst) trafen sich die beiden verwandten Seelen wieder und wieder, sogar im Midgardhaus am heutigen Biergarten gaben sie sich die Ehre.
Bei Berg ertrank Bayerns König im Starnberger See (Votivkapelle und Gedenk-Kreuz).

Bruckenfischer

Radler, Autoausflügler und Floßfahrer sind sicher schon an dieser klassischen Ausflugsstätte vorbeigekommen, direkt an der Isarbrücke von Schäftlarn und vor der ersten Straßenschikane bevor es steil Richtung Deining hinaufgeht. Die Lage zwischen Isar und Isarkanal wäre ideal, würde nicht ein öffentlicher Weg den Biergarten mitten entzwei spalten. Hier fluten die Radler und Wanderer durch, von denen manche tatsächlich den Versuchungen des Biergartens widerstehen. Vor allem aber quälen sich parkplatzsuchende Autos vorbei, denn Abstellplatz finden die erst hinterm Wirtshaus. Schritt-Tempo kann man den PS-Boliden offenbar nicht angewöhnen. Der Spielplatz liegt direkt an der Parkplatzzufahrt.

Am Isarufer unter hohen Bäumen Platz genommen, erwartet uns ein schöner Blick auf Kloster Schäftlarn.

LÖWENBRÄU

82544 Egling, An der Schäftlarner Brücke, Dürnstein 1
Tel. 08178 /3635

Wann:
Sa, So, feiertags 10 - 22 Uhr
unter der Woche Bier drinnen holen

MVV:
S 7 Hohenschäftlarn,
Bus 961 Kloster Schäftlarn, nur an Schultagen

Rad:
1 km Schäftlarn (192)
7 km Aujäger (190)

Parken:
P hinterm Haus oder auf der anderen Straßenseite

Sitzplätze:
450; durchweg Holztische

Essen:
Übliche Auswahl, z.T. aus der Warmhalteglocke

Kinder:
Spielplatz vorhanden, aber direkt an der Parkplatzzufahrt

Plus:
Schöne Lage an der Isar

Minus:
Parksuchverkehr mitten im Biergarten

Fazit:
Ausflugsbiergarten mit Durchgangsverkehr

188 Unser Tipp:

Niagara an der Isar
Etwas oberhalb der ersten Spitzkehre an der Straße zweigt links das Sträßlein zur Mühle ab, einem alten Gasthaus direkt an der längsten Floßrutsche der Isar. Eine kurze Wanderung bringt uns in den herrlichen Wirtsgarten. Am besten Flöße schauen kann man gegen Mittag: Uns Zaungästen scheint es ja nicht so sakrisch steil, den Fahrgästen aber kommts, den Gesichtern nach zu schließen, wie ein Sturz übern Niagara-Fall vor. Dann geht die wilde Fahrt hinab, uns gischtet nur etwas Isarwasser über den Maßkrugrand. Oben zittern schon die nächsten Niagara-Aspiranten.

Aujäger

Am Südrand der Pupplinger Au, an der Straße von Wolfratshausen nach Egling, liegt linkerhand der durchaus ländliche Biergarten. Der Aujäger ist eine ideal gelegene Raststation für eine Wanderung oder Radltour entlang der Isar (siehe Tipp).

Auf der Sonnenseite des Gasthauses regiert die Kellnerin, doch vorne gibt's Selbstbedienung. Das schattigste Plätzchen liegt freilich gut versteckt hinterm Haus.

Die Kinder haben viel Platz, der Blick geht am Maibaum vorbei über die weiten Auwiesen - ein Idyll besonders in der Abendsonne.

82544 Puppling, Austraße 4
Tel. (08171) 7 85 56

Wann:
10.30 - 23 Uhr; Mo, Di Ruhetag

MVV:
S 7 Wolfratshausen, 20 Min. zu Fuß; Bus 375/377 Puppling

Rad:
8 km Schäftlarn (192)

Parken:
großer P vorhanden

Taxi:
Bahnhof Wolfratshausen

Sitzplätze:
450; durchweg Holzgarnituren

Essen:
Übliche Auswahl zu günstigen Preisen

Kinder:
Kleiner Spielplatz, gut einsehbar

Plus:
Schöne Lage, preiswertes Essen

Minus:
Wochentags hat die Gartenschänke nicht immer offen

Fazit:
Freizeitfreundlicher Biergarten ohne Besonderheiten

190 Unser Tipp:

Paradies für Inline-Skater
Besonders die Skater schätzen die flache und geteerte, aber autofreie Straße an der Isar entlang bis Schäftlarn und weiter an der Isar zum Gasthaus Mühle direkt an der längsten Floßrutsche der Isar. Das gilt natürlich auch für Radler:
Die S-Bahn nimmt Sie und Ihr Gefährt bis Wolfratshausen mit, dann geht´s am Aujäger vorbei nach Norden zurück.

Klosterbräu Schäftlarn

Im weiten Talgrund der Isar liegen Kloster Schäftlarn und der Bräu, ein klassisches Ausflugsziel - mit angeschlossenem Hotel für Sitzenbleiber. Die Fassade des ehrwürdigen Gasthauses wurde erneuert. Neu ist auch der Spielplatz mit Trampolin.

Schön ist der Blick auf Kloster und Isartal. Das wissen auch die vielen Radler, die hier einkehren, vor allem, wenn sie den langen Berg nach Hohenschäftlarn hinauf noch vor sich haben. Von Ebenhausen (S-Bahn) führt ein Fußweg direkt hinab zum Kloster.

Die Gartenschänke hat nur am Wochenende geöffnet, an den anderen Tagen muss man sich das Bier drinnen im Lokal holen.

LÖWENBRÄU

82067 Ebenhausen-Schäftlarn
Tel. (08178) 36 94

Wann:
Täglich 9 - ca. 23 Uhr,
z.T. schon im Februar offen!
Gartenschänke nur am
Wochenende

MVV:
S 7 Hohenschäftlarn,
Bus 961 Kloster Schäftlarn, nur
an Schultagen

Rad:
Steinige Wege entlang der Isar,
bequemer von Pullach entlang
der B11;
1 km Bruckenfischer (188)
8 km Aujäger (190)

Parken:
P anbei

Sitzplätze:
500; meist Holzgarnituren

Essen:
Fr/Sa Schnitzel/Steak/Kotelette
Sonntag Bauernente; dazu reichhaltige Getränkeauswahl

Kinder:
Neuer, eingezäunter Spielplatz mit
Trampolin, einsehbar

Plus:
Kloster, Lage im Isartal

Minus:
Straßenlärm, viele Plastiktische

Fazit:
Für durstige Radler und Kunstbeflissene überaus einladend

192 Unser Tipp:

Barockmusik
Vom Biergarten müssen Sie nur über die Straße gehen zur altberühmten Klosterkirche Schäftlarn. Von außen wirkt der Bau einfach, innen glänzt überaus barocke Pracht. *Cuvilliés, Viscardi, Fischer, Gunetzrhainer, Zimmermann* – das ganze Who's Who des bayerischen Barock und Rokoko hat an Bau und Ausgestaltung mitgewirkt.
In der Kirche finden meist samstags die Schäftlarner Klosterkonzerte statt (Tel. 08178-3435 und www.schaeftlarner-konzerte.de.)

Wo es sich sonst noch lohnt

Dieser Anhang führt einige Biergärten auf, die sich zwar nicht „qualifiziert“ haben, einen Besuch aber trotzdem lohnen. Wenn Sie Ihren Lieblingsgarten nur hier finden, heißt das nicht, dass er weniger schön wäre als andere, sondern nur, dass er unsere zugegeben strengen Aufnahmekriterien nicht voll erfüllt hat. Ganz unerwähnt bleiben in jedem Fall die sogenannten Biergärten, die das Mitbringen der eigenen Brotzeit nicht erlauben.

Wintergarten

Eine kleine Oase mit alten Bäumen am Elisabethmarkt, mitten im sonst nicht gerade mit Biergärten verwöhnten Schwabing. An den Standln auf dem Markt können Sie ihre Schmankerl selbst holen. Die Bedienung bringt in jedem Fall das Bier.

Offen täglich 10-23 Uhr. U2 Josephsplatz, Tram 27 Elisabethplatz. P *schwierig. Augustiner-Bräu. Essen: nur kleine Brotzeiten. 300 Sitzplätze, durchweg Holztische. Großer Spielplatz gleich dahinter im Park.*

80796 München-Schwabing, Elisabethplatz 4b
Tel. 2 71 38 99

Iberl

Der Sollner Klassiker mit angeschlossenem Mundart-Theater. Schön ist der Garten, der neuerdings auch mit Selbstbedienung aufwartet. Die bedienten Tische überwiegen weit, das bessere Publikum aus Solln und Pullach will es offenbar so. Aber vielleicht ändert sich das ja noch. Mit dem Rad ist es nur ein Katzensprung von der *WaWi* (132).

Offen täglich 18-22 Uhr, am Wochenende schon ab 17 Uhr. **P** *hinterm Gasthaus. Spaten-Bier. Übliche Brotzeiten; gut ist das Brotzeit-Brettl. 500 Sitzplätze, zum größeren Teil bedient. Spielplatz vorhanden.*

81479 München-Solln, Wilhelm-Leibl-Straße 22
Tel. 74 99 72 21, www.gasthaus-iberl.de

Münchner Haupt'

Neuer Name für die frühere „Neue Schießstätte". Wunderschöner, großer Biergarten mit Selbstbedienung für Essen und alkoholfreie Getränke, nur das Bier bringt die Bedienung. Da kann es an heißen Tagen schon passieren, daß die Schweinshaxn dreimal abgenagt ist, bis das Bier kommt, auch wenn sich Otto, der Blitz von Sendling, und seine Kollegen bis zur Erschöpfung abrackern. Nur hier gibt es „Toilettl" und „Salettl".

Offen täglich 11-22 Uhr. Kleiner **P** *im Hof. Kaltenberg-Bier. Große Essensauswahl. 2900 Sitzplätze an durchweg fest installierten Holztischen. Spielplatz, gut einsehbar.*

81379 München-Sendling, Zielstattstraße 6
Tel. 78 69 40, www.muenchnerhaupt.de

Bienenheim

Ein schöner Biergarten, in dem man sich schon weit weg von der Stadt wähnt. Man weiß nur leider nie so recht, ob das Bier nun der Ober bringt oder ob man es selbst holen darf... Brotzeit mitbringen ist zwar offiziell erlaubt, hat sich jedoch noch nicht so recht eingebürgert.

Offen 10-22 Uhr, Montag Ruhetag. Ausreichender P. *Brauerei Maisach. 350 Sitzplätze an gedeckten Holz- und Plastiktischen. Kein Spielplatz.*

81249 München-Lochhausen, Bienenheimstraße 11
Tel. 8 64 14 54

Stoibermühle

Verkehrstechnisch liegt die Stoibermühle allererste Sahne. Der Flughafen fast zum Greifen nahe, nur die Autobahn noch näher. Das Landgut Stoibermühle ist alt, der Biergarten jedoch sehr jung. Die richtige Biergarten-Atmosphäre entwickelt sich hier erst langsam.

Offen täglich 10-23 Uhr. S1 Freising. P *vorhanden. Hofbräuhaus Freising und Augustiner Bier. Essen: übliche Brotzeiten. 600 Sitzplätze, durchweg Holz. Kinder: Spielplatz, Wiese und Badegelände.*

85417 Marzling, Stoibermühle 1
Tel. (08161) 8 23 68

Bräustüberl Dachau

Ein Traumbiergarten ganz oben auf dem Dachauer Schlossberg mit bernsteinfarbenem Ludwig-Thoma-Urbräu-Märzen. Wem liefe da nicht das Wasser im Mund zusammen? Ein Besuch in diesem ländlich-urigen Biergarten lohnt jederzeit. Das Bier bringt immer die Bedienung.

Offen täglich 9 - 23 Uhr. S2 Dachau. **P** *am Schlossberg. Gefährlich gutes Schlossberg-Bier. Übliche Essensauswahl. 500 Sitzplätze, meist aus Holz. Kleiner Spielplatz.*

85221 Dachau, Schloßstraße 8
Tel. (08131) 66 64 55, www.braeustueberl-zieglerkeller.de

Klostergaststätte Indersdorf

Ein schöner Garten mit alten Kastanien. Die Bedienung bringt das preiswerte Bier (Tipp: Kellerbier) und das Essen. Ein Ausflug lohnt sich!

Offen täglich 10.30-23 Uhr. S-Bahn-Anschluß Linie A ab Dachau bis Markt Indersdorf. **P** *vorhanden. Eigenes Bier (Hell und Dunkel). Große Essensauswahl, z.B. Steaks, Spanferkel, Calamari usw. 550 Sitzplätze, durchweg Holzgarnituren. Kleiner Spielplatz.*

85229 Markt Indersdorf, Marienplatz 12
Tel. (08136) 58 22

Schusterhäusl

Von Germering dem Sträßlein Richtung Alling folgend, finden wir das Schusterhäusl. Es ist hübsch im Wald versteckt. Leider bietet es trotz der Lage nicht viel Schatten, dafür umso mehr Plastiktische mit Bedienung. Die Buden sind auch nur sporadisch offen.

Offen 16-22 Uhr, Samstag und Sonntag ab 10 Uhr. Donnerstag Ruhetag. P *ausreichend. Hacker-Pschorr und Maisacher Bier. 500 Sitzplätze, nur z.T. Holztische. Spielplatz.*

82110 Germering, Schusterhäusl 1
Tel. 89 44 60, www.schusterhaeusl.de

Bräustüberl Schloss Seefeld

Mal was ganz anderes: Ein Biergarten in mittelalterlicher Schlosskulisse. Wegen Denkmalschutz gibt es keine Essensstandl und keinen Spielplatz, aber neben mitgebrachter Brotzeit auch bayerisches Essen à la carte und für die Kinder das riesige, autofreie Schlossareal.

Offen täglich 10 - 24 Uhr. Großer P. *Graf Toerring Bier. 320 Sitzplätze. Kein Spielplatz.*

82229 Seefeld, Schlosshof 4c
Tel. (08152) 9 91 20, braeustueberl-seefeld.de

Neu in dieser Auflage

Seit Erscheinen der Vorauflage sind einige Biergärten neu hinzugekommen. Andere haben sich aus der Wertung verabschiedet, zum Beispiel weil sie auf Vollbedienung umgestellt und damit zum Wirtsgarten mutiert sind.

Neu hinzugekommen sind:

Muffatwerk (28), Haidhausen
Spektakel (70), Sendling
Wirtshaus zum Zamdorfer (32)
Wirtshaus Lerchenauer See (46)
Landgasthof Alter Wirt (152), Unterschleißheim
Waldgasthof Buchenhain (130), Pullach
Bruckenfischer (188), bei Schäftlarn
SeePost (172), Schondorf
Emminger Hof (170), St. Ottilien
Bartewirt (136), Kreuzstraße
Bräustüberl Schloss Seefeld (198)

Durch die vielen Neuzugänge seit der ersten Auflage 1996 ist der Umfang dieses Büchlein um 40 Seiten gewachsen. Ein Beweis, wie gesund und kräftig die Biergartenkultur ist!

Weitere Bücher aus dem Knürr Verlag München

München-Klassiker: *Uns Münchner wenn's ned gaab …*

Münchner G'schichten von Max Spiegl – Der »Joseph« und seine heiteren Beobachtungen in der Weltstadt mit Herz, mit vielen Zeichnungen von Ernst Hürlimann

Erste, zweite und dritte Folge je 160 Seiten, 14 x 21 cm, gebunden.
ISBN 3-928432-09-5 bzw. 3-928432-13-3 bzw. 3-928432-27-3
je € 9,90 *(auch einzeln lieferbar!)*

Boarisch g'lacht

Witze und Anekdoten aus Bayern von Claus M. Baumann

Lustige Witze über das Leben der Bayern und deren liebenswerten Umgang mit den Preussen

Mit 30 Zeichnungen von Andrea Mangold

160 Seiten, 14 x 21 cm, gebunden
ISBN 3-928432-18-4 ***€ 9,90***

Mythos Weißwurst

von Peter M. Lill und Ludwig Margraf

Geschichten, Anekdoten und Wissenswertes über die Primadonna der Würste.

160 Seiten, 14 x 21 cm

ISBN 3-928432-23-0
€ 9,90

Der Englische Garten in München

Umfassendstes Werk über den größten Stadtpark der Welt.

30 Fachautoren beleuchten die beliebte Münchner Freizeitoase.

Gartenkunstdenkmal – Naturschönheit – Paradies der Münchner, zusammengestellt von Pankraz Frhr. von Freyberg.

19 x 23 cm, gebunden, 304 Seiten, reich bebildert

ISBN 3-928432-29-X ***€ 12,40***

Thalmaiers Reisen

Weissblaue Notizen aus Bayern

von Ulrich Langguth und Anja Schneider

Sepp Thalmaiers 7 Reisen quer durchs Land der Bayern

Das Buch zur TV Serie

160 Seiten 14x22 cm · Broschur mit 350 Farbbilder

ISBN 3-928432-37-0 ***€ 12,90***

Erhältlich:
im Buchhandel oder bei Alois Knürr Verlags GmbH
Sperberstr. 23 · 81827 München · Tel. 0 89/43 76 61 00 · Fax 0 89/4 39 29 86
knuerr-verlag@t-online.de · www.knuerr-verlag.de